우리 학문으로서의
동학

사람이 ——— 하늘이다

김용휘 지음

우리 학문으로서의
동학

諸君之問道何若是明明也雖我
拙文未及於精義正宗然而編我
人修其身養其才正其心豈可有
歧貳之端乎凡天地无窮之數道
之無極之理皆載此書惟我諸君
敬受此書以助望德欣我此之則
怳若甘受和自受命吾今樂道不
勝欽欽故論而示之論而示之明
之節庚申之四月是亦樂其運道受
難狀之言察其易卦大定之數竆自
是由來權脉世間之紛說責去胃
海之彌結龍潭古舎家嚴之主席
東都新府惟我之故卿率妻子還
接之日已未之十月乘其運道受
大將紫交遠自憶一身之顔藏自
先生之鳳顚尾之奇峯怪石月城
馬龍之西國龍湫之清潭翼溪古都
舟屋前渡波意在太公之釣樞臨
池塘無違漁波之志亭就龍潭宜
非蕉篤之心難焦歲月之如流泉
臨一日之化仙孤我一命年至二
八何以知之無異童子先考平生
其法賢士問我之勸布德賢藏不忍
弓乙其形口誦長生之呪三七其字
納客其數然其肆筵設法味其如
進退悅若有三千之班童子拜禮
六七之咏高於我是亦禮讓智先聖
而舜豈非仲尼之踪仁禮智先聖
敬修心正氣非我定一番致祭
侍之重盟万感羅布守誠之故也意

동학 모시는사람들

우리 학문으로서의 동학(개정판)

등록 1994.7.1 제1-1071
1쇄 발행 2021년 7월 10일
2쇄 발행 2023년 11월 10일

지은이 김용휘
펴낸이 박길수
편집장 소경희
편 집 조영준
관 리 위현정
디자인 이주향
펴낸곳 도서출판 모시는사람들
        03147 서울시 종로구 삼일대로 457(경운동 수운회관) 1207호
전 화 02-735-7173 / 팩스 02-730-7173

인 쇄 피오디북(031-955-8100)
배 본 문화유통북스(031-937-6100)
홈페이지 http://www.mosinsaram.com/

값은 뒤표지에 있습니다.
ISBN 979-11-6629-042-8 03100

개정판 서문

『우리 학문으로서의 동학』이 세상에 나온 지 15년이 되었다. 그동안 적지 않은 사랑을 받았다. 100권씩 사서 주변에 돌린 분도 여러분이 계셨다. 참으로 고마운 일이다. 당시만 해도 동학 관련 책이 많지 않았다. 게다가 동학사상을 쉽게 설명하는 책은 거의 없었다. 그러던 차에 〈책세상〉에서 문고판으로 이 책이 나왔다. 분량 면에서나 가격 면에서 부담이 없어 사랑을 많이 받았던 것 같다.

그런데 이번에 계약이 만료되어서 새로운 출판사를 찾게 되었다. 다행히 동학 전문 출판사로 정평이 나 있는 '모시는사람들'에서 선뜻 내주겠다고 했다. 두 번 생각할 것도 없이 기꺼이 여기서 개정판을 내게 되었다.

15년이 지나서 다시 글을 읽어 보니 고쳐야 할 부분이 많이 보였다. 서술이 불분명한 곳도 보이고, 생각이 바뀐 대목도 있었다. 고치려고 하자니 다시 쓰는 편이 나아 보였다. 차라리 내지 말까 하는 생각도 들었다. 그러나 부족한 것은 부족한 대로 남겨두는 것도 좋겠다는 생각도 들었다. 그래서 수정을 많이 하지 않고 견해가 바뀐 몇 군데만 손을 보고 다시 내게 되었다.

원래 이 책은 박사논문 「시천주 사상의 변천을 통해 본 동학」을 쓰고 나서 그것을 좀 더 쉽게 풀어쓴 것이었다. 그때는 동학의 독자성을 조명하는 데 좀 더 관심이 있었다. 동학이 유불선 삼교를 단순히 종합한 것이 아니라, 그것을 재료로 삼되 종교체험이라는 불에 의해 화학적 반응이 일어나 전혀 새로운 차원의 우리 사상, 우리 종교가 나왔다는 것을 밝히고 싶었다. 또한 그 과정에서 서학의 영향도 적지 않다는 점을 강조했다. 하지만 동학이 일반적으로 알려진 것처럼 서학에 대립해서 나온 것이 아니라는 점을 분명히 했다. 동학의 '동'은 '서'에 대한 동이 아니다. '동국(東國)', 즉 우리나라를 가리키는 '동'이며, 따라서 동학은 '동국의 학', 즉 '우리 학문'이라는 점을 강조하고 싶었다. 서학에 대응해서 나왔다는 해석이 딱히 틀렸다고 할 수는 없겠지만, 그보다는 오히려 조선 오백 년을 지배했던 중국의 유학에 대해 종언을 선언하고 새로운 학문의 필요성을 역설한 의미가 더 크다는 점을 피력하고자 하였다.

그런데 15년이 지난 오늘에 와서 나는 동학의 독자성 못지않게 '천도(天道)'라고 표방했던 그 보편성에 다시 주목하게 되었다.

이전에는 수운이 '도는 비록 천도이나 학인즉 동학(道雖天道 學則東學)'이라고 한 데서 그 방점을 '학인즉 동학'에 두었는데 어느 날 문득 '도는 비록 천도이나'에서 뭔가 묵직한 느낌이 왔다. '천도'가 무엇인가? 옛날 동아시아 성현들이 깨달아 이 땅에 밝히고자 했던 것이 아니었던가? 천도는 우주의 궁극적 실재이자 하늘의 운행 원리이며, 영원한 진리로 이해할 수 있다. 천도를 깨달은 사람이 내면에 갖게 된 힘이 '덕(德)'이다. 그래서 옛 성현들은 도와 덕을 추구하는 삶을 살았다. 도와 덕은 유가의 전유물도 아니고 도가의 전유물도 아니다. 유가와 도가가 나뉘기 전에 동아시아 성현들이 공유했던 지상의 가치이다. 지금은 도덕이라 하면 모럴(moral)이나 에틱(ethic)으로 생각하지만, 원래는 '도와 덕'이란 뜻이다. 노자의 경전이 『도덕경』인 것은 바로 도와 덕을 밝힌 경전이란 뜻이다.

도와 덕을 자신의 삶과 사회 속에서 밝히고 닦는 것이 고대 이래의 학문의 본뜻이었다. 그런데 어느 순간 도와 덕을 글로 쓴 텍스트를 읽고 그것을 해석하는 것을 학문으로 여기게 되었다. 성현들은 손가락으로 달을 가리켰는데 이후 학자들은 그 손가락만 보고 시시비비(是是非非)를 논하였던 것이다. 그런 세월이 오래되었다. 조금 거칠게 말하자면, 조선 오백 년 성리학의 지배는 천도와 천덕이 가려지고 문자에 빠져 백성들의 삶과 유리된 공허한 논쟁만을 일삼은 세월이었다. 그래서 수운은 「포덕문(布德文)」에서 이렇게 탄식하였다.

"다섯 임금 이후로 성인이 나시어 우주의 운행과 천지의 도수를 글로 적어, 천도(天道)의 불변의 법칙을 밝히시니, 일상에서의 모든 행동과 삶의 모든 판단을 하늘 뜻을 살펴 행했도다. 이는 하늘의 뜻을 공경하고 하늘의 이치에 따른 것이니라. 그러므로 사람은 군자가 되고, 학은 도덕을 이루었으니, 도는 바로 천도(天道)요, 덕은 바로 천덕(天德)이라. 그 도를 밝히고 그 덕을 닦음으로써 군자가 되어 지극한 성인에까지 이르렀으니 어찌 부러워 감탄하지 않겠는가. 그러나 이 근래에 오면서 세상 사람들이 모두 자기밖에 모르는 각자위심(이기심)에 빠져 하늘의 이치를 순종치 아니하고 하늘의 뜻을 살피지 아니하므로 마음이 항상 두려워 어찌할 바를 알지 못하였더라."

수운은 이런 인식하에 보국안민의 길을 찾아 이십대 초기 이후 10여 년 세월을 주유천하 방랑으로 보냈다. 이후엔 울산 여시바윗골에 초당을 짓고 혼자 거처하며 침잠하여 깊은 사색과 명상의 시간을 보내기도 했다. 그러다가 다시 경주 용담에 가족과 같이 돌아와서 수도하던 중 하늘로부터 무극대도를 받게 된 것이다.

그때 그 감격을 다음과 같이 노래했다.

"천은이 망극하여 경신 사월 초오일에 글로 어찌 기록하며 말로 어찌 성언할까. 만고 없는 무극대도 여몽여각 득도로다. 기장하다 기장하다 이내 운수 기장하다."(「용담의 노래(龍潭歌)」)

여기서 무극대도는 '천도'의 다른 표현이다. 수운은 고대 성인들이 밝혀 폈지만 오랫동안 끊어졌던 그 천도를 우리 땅에서 다시 밝혔다는 벅찬 감격을 노래하고 있는 것이다. 그래서 그는 '도는 비록 천도나 학인즉 동학'이라고 했다. 나는 개정판에서 바로 이 부분, '동학이 천도의 현대적 회복'이라는 해석을 추가하였고 또 강조하였다.

두 번째로 4장 '다시개벽의 길'에서 이전 견해와 좀 달라진 점을 새롭게 기술했다. 이전엔 일반적인 학계의 해석처럼 손병희의 천도교, 그리고 1920년대 이돈화를 비롯한 당시 신파에 속한 청년 지도자들의 입장을 문명개화 노선에 경도된 것으로 서술했다. 하지만 좀 더 들여다보면서 그렇게 단순하게 해석되어서는 안 된다는 것을 알게 되었다. 손병희의 경우, 서양문물을 받아들여야 한다고 생각했지만 어디까지나 동학의 정신과 철학의 기반 위에서 서양의 앞선 부분을 선별적으로 받아들이자는 것이었다. 1920년대 이돈화와 김기전 등도 마찬가지로 민족주의나 사회주의 어느 일방에 속하지 않고, 민족해방이나 계급해방, 저항과 협력의 이분법적 틀을 넘어서서 더 근본적인 인간해방, 그리고 자본주의와 사회주의를 넘어선 문명 전환을 꿈꾸었다. 따라서 기존의 개화의 시선으로 보아서는 그들의 문제의식을 제대로 포착할 수 없고, 개벽의 관점에서 그들의 비전과 실천을 보아야 한다는 것이 이번에 새롭게 주목한 부분이다. 결국 그들의 운동은 개화운동이 아니라 개벽운동이라는 것이다.

구성에도 변화가 생겼다. 초판은 총 5장으로 구성되었는데, 개정판에서는 초판 1장과 2장을 합치면서 1장의 내용을 2장의 뒷부분에 배치했다. 초판의 1장은 불연기연(不然其然)에 관한 내용인데 이 부분이 처음에 나와서 좀 어렵게 느껴진다는 의견이 있었기 때문이다.

아쉬운 점은 해월 부분이 적은 점이다. 동학에서 해월은 단순히 수운을 잇고 의암에게 이어주는 역할을 한 분이 아니다. 해월이 없는 동학은 생각할 수 없을 정도로, 지금 우리가 알고 있는 생명철학으로서의 동학, 민중종교로서의 동학은 해월의 열린 해석으로 넓어지고 깊어졌다. 그가 열어낸 사인여천(事人如天)과 삼경(三敬), 특히 경물(敬物)사상, 이천식천(以天食天)과 향아설위(向我設位)의 새 이념은 참으로 탁월한 사상의 새 지평이다. 그러면서도 그는 가장 동학적인 삶을 몸으로 살아간 한국의 성자였다. 이번 개정판에서 그 부분을 보완하려고 했지만, 어차피 한 권으로 모두 만족할 수 없다는 생각을 했다. 해월 부분은 따로 한권의 책으로 낼 것을 기약해 본다.

끝으로 어려운 여건속에서도 기꺼이 개정판 출판을 허락하고 직접 편집까지 해주신 도서출판 모시는사람들의 박길수 대표께 진심으로 감사를 드린다.

포덕 162년 6월
경주에서 김용휘 씀

책을 쓰게 된 동기

　길을 가다 보면 전도지를 돌리며 신념에 가득 찬 목소리로 예수를 믿어야 구원받는다며 '예수 천국, 불신 지옥'을 외치는 사람들을 심심찮게 만나게 된다. 그럴 때마다 나는 '이 세상 사람들이 다 교회를 다니게 되면 세상이 천국이 될까'라는 생각이 들었다. 한때 유럽 대부분의 나라가 기독교를 국교로 삼았지만 그 어느 나라도 천국 같은 평화를 누렸다는 이야기는 들어본 적이 없다. 기독교뿐만 아니라 다른 종교를 국교로 삼았던 예도 마찬가지이다. 이슬람 국가들도 그렇고, 우리의 경우 고려에는 불교가, 조선에서는 유교가 국교였지만 그로 인해 백성들이 태평성대를 누렸다는 말은 들어보지 못했다. 이처럼 역사적으로 한 나라 전체가 하나의 종교를 믿었던 예가 많음에도 불구하고, 그 나라가 천국이었거나 극락이었던 적은 없었다. 세상은 여전히 몇몇 권력자와 성직자의 나라일 뿐, 민중의 나라는 아니었다. 그리고 때로는 종교 창시자가 깨달은 가르침이 온전히 전해지기보다는 성직자들에 의해 포장된 교리가 진리를 왜곡하거나 가리기도 했다. 그래서 화이트헤드는 진리와 교리는 엄격히 구분해야 한다고 했다. 그렇다면 구원의 문제는 '무엇을 믿고 안 믿고의 문제나, 교회를 열심히 나가고 안 나가고의 문제'가 아니지 않을까, 라는 생각이 들었다.

우리 사회는 지금 너무나 많은 문제를 안고 있다. 특히 성장제 일주의와 물신주의가 극심하다. 많은 사람들이 물질적 가치에만 매몰된 매우 천박한 사회가 되었다. 교회가 부족해서, 신도수가 부족해서 그런 것일까? 나는 그렇게 생각하지 않는다. 교회가 예수의 가르침을 실천하는 데 힘쓰기보다 교인의 머릿수를 늘리는 데 혈안이 되어 있기 때문이다. 가난한 자와 함께하기보다는 부자들, 힘 있는 자들의 편에 서 있기 때문이다. 나는 예수를 믿는다. 그리고 어떤 방식으로든 구원과 영생이 있다고 믿는다. 하지만 나는 믿지 않는다. 길거리에서 전도지를 나눠주는 사람들의 너무나 순진한 신념을, 한국 교회 목사들의 기복적인 설교를, 성장 제일주의로 비대해져 건강을 잃은 한국교회를 나는 도저히 믿을 수가 없다.

사실 나는 여섯 살 때부터 시골 개척교회의 저녁 프로그램에서 아브라함과 모세의 이야기를 할머니의 옛날이야기처럼 들으면서 자란 사람이다. 중고등학교 때는 거의 교회에 살다시피 했고 누가 삶의 목적을 물으면 '하나님께 영광 돌리는 것'이라고 대답하곤 했다. 전도도 열심히 해서 대부분의 친한 친구들을 교회로 인도했다. 고2 때는 반대하시는 부모님까지 결국 교회에 나오게 했다. 그런 내가 교회를 떠나게 된 것은 역시 '구원'에 대한 의문 때문이었다. 교회를 다니지 않는 사람 중에도 착한 사람이 많은데 왜 교회를 다니는 사람만 구원을 받을 수 있다고 하는지 이해하기 힘들었다. 교회 다니는 사람 중에도 자기밖에 모르고, 위선적인 사람이 얼마나 많은가? 설령 예수를 믿기만 하면 구원받는다는 것을 인정한다 해도 그 '믿는다는 것'의 의미가 무엇인지, 어떤 '믿음'이 구원에 이르게 한다는 것인지 그 믿음의 참된 의미를 깊이 숙고해봐야 하는 것이 아닌지 생각했다.

나는 진정한 믿음은 교회를 열심히 나가고 안 나가고의 문제가 아니라고 생각한다. 또 어떤 사실을 받아들이고 안 받아들이고의 차원이 아니라고 본다. 그것은 앎의 차원이거나 기껏해야 신념의 차원이다. 진정한 믿음은 가슴 영역에서의 진정한 변화라고 생각한다. 따라서 나는 믿음이란 다른 모든 가치들에 우선해서 예수로 상징되는 진리와 생명이라는 보편적 가치를 자기 삶의 중심적 가치로 수용해서 살아가는 마음의 거룩한 상태라고 본다. 이런 믿음을 마음에 간직한 사람은 당연히 성공이나 출세라는 물질적 가치보다는 정신적 가치, 영적 가치를 더 우선적으로 추구하며 살 것이다. 어제보다 오늘이 조금이라도 더 나은 사람이 되는 것에 관심이 있고, 약자들을 돕고 사랑을 실천하는 데 더 관심을 가진 사람이 될 것이다. 그러므로 믿음으로 구원을 얻는다는 의미는 '교회에 나가고 안 나가고'의 문제가 아니라, 마음에 어떤 가치를 가장 중심에 두고 사느냐, 그래서 어떤 마음 상태로, 어떤 삶의 방식으로 살아가느냐의 문제인 것이다.

이런 답을 얻기 위해 나는 멀고도 험한 길을 돌아와야 했다. 진리를 알고 싶었던 나는 대학 전공으로 물리학을 선택했다. 그때는 물리학이 우주의 원리와 신비를 풀어줄 것이라고 생각했기 때문이다. 그러나 내가 알고 싶어 하는 우주의 신비는 이론물리학에 해당되는데, 정작 대부분의 수업은 이와 관계없는 응용물리와 실험물리로 짜여 있었다. 나는 곧 싫증이 났다. 이때부터 진리를 찾기 위한 방황이 시작되었다. 처음 1년 동안은 기독교 안에서의 방황이었다. 그러다가 2학년 때 증산 계열인 한 종단을 알게 되었다. 여러 가지 점에서 의심스러운 것이 많았지만, 사람은 수도를 하며 살아야 한다는 말과, 도는 생활 속에서 닦아야 한다는 등의 몇 마디에 끌렸다.

이 단체에서 내세우는 주장의 골자는 19세기 말 전라도 땅에서

40년간 살다 간 강증산(1871~1909)이란 인물이 본디 하늘의 최고 신, 즉 구천상제(九天上帝)라는 것이다. 그가 세상을 창조했지만 당시에 이르러 너무나 혼란해졌으므로 처음 세상을 만든 이가 부득이 직접 내려와서 하늘과 땅을 바로 잡는, 이른바 천지공사(天地公事)를 10년간 하고 그의 나이 마흔이 되던 해에 홀연히 다시 하늘로 올라갔다는 것이다. 지금 생각해 보면 신화 같은 이야기지만 그때는 정신세계를 잘 몰랐기 때문에 그럴 수도 있다고 믿었다. 아니 믿고 싶었던 것 같다.

강증산을 19세기 조선 민중들의 고난에 아파하고 나름의 처방을 내린 당시의 사상가로 보면 아무 문제가 없다. 나는 그가 상당히 깊은 영적 체험을 했다고 생각한다. 그래서 자신이 곧 상제임을 깨달았다. 다만 그 영적 체험을 더 확장하여 모든 사람이 상제며 하늘이라는, 즉 인내천을 깨닫는 데까지 나아가지 못했다고 본다. 또한 그가 문제라고 느꼈던 19세기 말의 혼란이라는 것은 어디까지나 조선의 식자로서 느낀 세계 인식일 뿐이었다. 19세기 말이 말세적 혼란이라는 인식은 보편적이지 않다. 혼란은 동아시아를 비롯한 아시아, 아프리카의 사정이었을 뿐, 유럽은 반대로 날로 국운이 뻗어 가고 있었다. 그러니 증산의 진단은 동아시아 지식인으로서의 고민이 반영된 것일 뿐이다. 문제가 더 심각한 것은 그를 계승한 단체들이 대부분 그의 사상을 지나치게 종말론적으로 해석하고 있다는 데 있다.

여기서 거의 3년의 시간을 보내면서 점점 아니라는 생각이 들었다. 한때나마 마음을 의지했던 곳에서 답을 얻지 못하자 정신적 방황은 더욱 심해졌다. 이러한 방황이 결과적으로 나를 철학으로 이끌었던 것 같다. 하지만 우여곡절 끝에 동양철학 전공으로 들어간 대학원도 나의 기대와는 달랐다. 동양철학을 통해 심오한 우주와 인생의 이치를 배울 수 있을 것으로 생각했으나 그 환상은 한 학기가 채 가기도 전에 깨지고 말았다. 절망이 극에 달했을 때, 나는 배낭 하나만 메고 전국을 떠돌았다. 그러다가 지리산에서 한 도인을 만나게 되었다. 참 만화 같은 이야기지만, 그를 따라 지리산 밑에 마련한 처소에서 약 석 달 동안 수련을 했다. 그분은 환인, 환웅, 단군의 삼신(三神, 三聖)을 모시고 산(山) 기도를 주로 하는 분이었다. 그 만남은 나에게 새로운 인생의 전환점을 마련해 주었다. 무엇보다도 나의 시선을 바깥에서 내면으로 돌리게 해 주었다. 나는 그분에게서 많은 것을 배웠고 지금도 그 인연을 고맙게 생각한다. 그러나 그분과의 인연은 오래가지 못했다.

그러던 차에 대학원 선배의 소개로 경기도 가평 소재의 천도교 화악산수도원을 가게 되면서 동학(東學)을 알게 되었다. 거기서 단지 동학만 알게 된 것이 아니라, 비로소 참된 스승을 만났다. 그분이 월산 김승복 선생님(1926~2004)이다. 그분을 통해서 나는 진리에 대한 갈증을 풀게 되었고 정신적 방황의 종지부를 찍을 수 있었다.

이렇게 해서 동학과 인연을 맺게 되었다. 진리라는 것은 역사적 맥락과 문화적 맥락을 넘어 그 자체로서 보편성을 지니기는 어렵다. 그 때문에 어떤 가르침을 절대적 진리라고 주장하는 것은 위험하다고 생각한다. 동학 역시 마찬가지이다. 19세기 조선의 시대적 상황 속에서, 그리고 수운 최제우의 삶과 경험 속에서 동학을 바라보아야 할 것이다. 그럼에도 불구하고 나는 동학이 보편 종교들의 핵심을 함유하고 있을 뿐 아니라, 이들 종교들을 가로지를 수 있는 형이상학적 가능성을 가지고 있다고 생각한다. 동학은 영적 현상을 인정하고 신을 인정하면서도 모든 영적 현상이 하나의 우주적 영의 작용이라는 것을 설파하고 있다. 무엇보다도 그 영은 내 안에서 나의 존재의 중심으로서 내재해 있다는 것이 동학의 핵심이다. 배타적인 교리에의 신념과 무지에 의한 공격성을 극복하고 종교가 추구해야 하는 사회적 영성을 회복하는 일에 본분을 다하기 위해서라도 나는 동학이 우리 학문이자 우리 종교로서 좀 더 조명되어야 한다고 생각한다.

물론 나는 종교적 무지와 그로 인한 분쟁만 해결되면 모든 문제가 풀린다고 생각하지는 않는다. 모든 분쟁의 이면에는 냉철한 현금 계산이라는 경제적 이해관계가 숨어 있는 경우가 많다. 21세기 최첨단 디지털 문명 속에서도 자본의 논리에 의한 생명 파괴와 대량학살은 끊이지 않고 있다. 최근까지도 세계 곳곳에서는 전쟁과 테러, 대테러전이 끊이질 않았다. 전쟁에서 실제로 피해를 입는 쪽은 군인보다는 힘없는 어린이와 여성 등의 무고한 민간인이다. 이런 전쟁의 배경에 강대국의 이해관계가 얽혀 있다는 건 공공연한 사실이다. 외부적으로 인종 간, 종교 간 갈등으로 보이는 내전도 깊숙이 들여다보면 식민통치 기간에 제국주의의 분열정책에 의해 생긴 갈등이 그 근본 원인인 경우가 많다. 또한 냉전에 의해 생긴 이데올로기 전쟁도 그 이면에는 자본의 논리가 숨어 있다.* 나는 지금 세계가 서서히 절멸적 파국을 향해 치닫고 있다고 본다. 세계는 황금에 눈이 멀어 보물섬을 찾아 나선 선장이, 사실은 암초와 죽음이 기다리고 있는 섬을 향해 배를 몰아가

---

* 이 부분에 대해서는 다음을 보라. 정문태, 『전선기자 정문태-전쟁 취재 16년의 기록』, 한겨레신문사, 2004. / 후안 고이티솔로, 『전쟁의 풍경』, 실천문학사, 2004.

고 있는 형국이다.

더 두려운 것은 생태계 파괴이다. 최근의 지구 온난화에 따른 전 세계적인 기상이변은 벌써 심각한 수준에 이르렀다. 환경 파괴는 여러 경고에도 불구하고 더욱 심해지고 있다. 그러나 당장 현금으로 계산되지 않는 생태계 보전에 강대국 정부와 초국적 기업들은 돈을 쓰려 하지 않는다. 그들은 여전히 자본의 논리에 의해서만 움직이고, 세상은 그들에 의해 끝도 모르는 무한 질주를 계속하고 있다. 그러나 대부분의 사람들은 자기와는 먼 일이라고만 생각하거나 과학이 더 발달하면 자연히 해결될 것이라며 손놓고 있는 실정이다. 그러나 원래 리스크는 1%라도 예상된다면 대비를 해야 하는 것이다. 그런데 전 인류의 목숨이 걸린 문제를 '아니면 말고' 식의 모험을 하겠다는 말인가?

또 하나 우려스러운 것은 텔레비전에서 어린 아이의 무참한 죽음을 보고도 더 이상 울지 않는다는 것이다. 죽임과 고통에 너무 익숙해져 버렸다. 나 역시 몇 년 전까지만 해도 처참한 전쟁 관련 뉴스를 보고 운 적이 많았지만 이제는 더 이상 눈물을 흘리지 않는다. 그만큼 고통에 둔감해진 것이다. 눈앞의 작은 것에 대해서 분노하면서도 정작 분노해야 할 것은 외면해 버리는 둔감한 영혼이 더 문제다. 여성학자 신시아 인로(Cynthia Enloe, 1938~)는 "권력자들이 가장 두려워하는 것은 고통에 대한 감수성"이라는 말을 했다.

많은 사람들이 몰라서도 희희낙락하고, 알면서도 먼 나라 일이라 여기며 진실을 외면하고 있지만 이것이 바로 우리의 일일 수 있다는 데 사안의 심각성이 있다. 지금이 19세기 한반도 상황과 너무나 유사하다고 느끼는 것은 비단 나뿐일까? 한반도를 둘러싼 주변 강대국들의 분위기가 심상치 않다. 중국의 동북공정이 날로 노골적으로 드러나고 있고, 일본의 군국주의의 망령도 부활하려고 꿈틀대고 있다. 북한 핵문제를 둘러싼 한반도 긴장도 고조되고 있다. 게다가 지금은 분단 상황이라 100년 전보다 훨씬 복잡하다. 강대국 정부는 말로는 열심히 평화와 인권을 외치고 있지만 정작 국제정세는 평화를 바라는 쪽으로 돌아가지는 않는 것 같다.

어떻게 할 것인가? 이런 문명적 위기를 그냥 보고만 있어야 하는가? 한 세기 전의 아픔을 또다시 되풀이해야 하는가? 나는 지금 우리 앞에 크게 두 가지의 중대한 과제가 놓여 있다고 본다. 첫째, 더 이상 인간을 비롯한 뭇 생명이 죽임에 내몰리지 않는 세계를 만드는 일, 즉 인류 전체의 삶의 방향, 문명의 패러다임을 생명가치를 중심으로 바꾸는 문제, 둘째, 지금 우리 사회가 안고 있는 양극화를 극복하는 동시에 분단을 극복하고 한반도 평화를 이룩하는 일.

이 과제를 해결하기 위해 무엇보다 먼저 요구되는 일은 소외와 자기 분열에 빠진 인간 주체를 거룩하게 재발견해 내는 일, 그리고 '생명을 살리는 길'에 대한 깊은 고민이다. 또 하나, 지금의 생명 위기는 어떤 측면에서 서양문명의 위기이기도 하다. 때문에 다른 관점에서 인간과 생명을 바라보는 방법론의 전환이 요구된다. 그래서 나는 우리 것 속에서 지금의 문명적 위기를 극복하고 생명을 살리는 거룩한 길을 찾아보고자 한다.

이 책은 동학을 중심으로, 특히 동학의 역설적 논리구조인 '불연기연(不然其然)'의 지혜를 바탕으로 위의 문제들을 같이 고민함으로써 당면한 위기를 슬기롭게 극복할 혜안을 찾자는 것이다. 동학은 원래 중국의 유학과 서학에 대해 '우리 학문'이라는 의미로 만들어진 것이다. 지금 우리의 학, 우리의 길이 필요하다. 그것은 죽임을 향하는 길이 아니라 살림을 향하는 '생명의 길'이며, 실천과 괴리된 지식이 아니라 '삶의 기술'로서의 학이며, 닫힌 진리가 아니라 열려 있는, 그래서 우리가 함께 만들어 가야 할 '우리의 길'이다.

2006년 2월

우리 학문으로서의 동학

프롤로그

동학에 대한 네 가지 오해

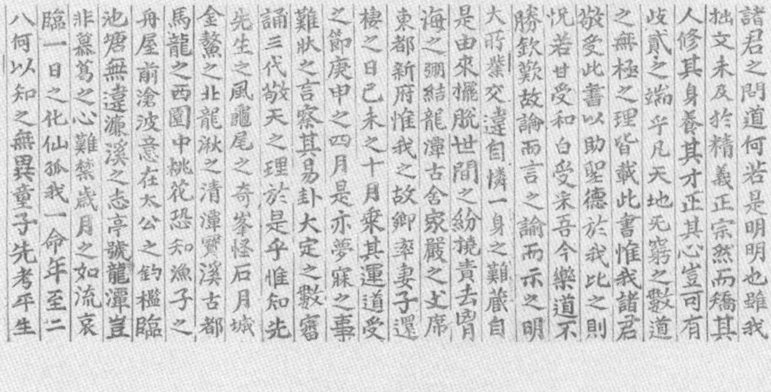

諸君之問道何若是明明也雖我
拙文未及於精義正宗然而矯其
人修其身養其才正其心豈可有
歧貳之端乎凡天地无窮之數道
之無極之理皆載此書惟我諸君
敬受此書以助聖德於我比之則
怳若甘受和白受采吾今樂道不
勝欽歎故論而言之諭而示之明
大將縈交遠自憐一身之難藏自
是由來擺脫世間之紛撓責去胷
海之彌結龍潭古舍家嚴之丈席
東都新府惟我之故鄉率妻子還
棲之日己未之十月乘其運道受
之節庚申之四月是亦夢寐之事
難狀之言察其易卦大定之數審
誦三代敬天之理於是乎惟知先
先生之風龜尾之奇峯怪石月城
金鰲之北龍湫之淸潭寶溪古都
馬龍之西園中桃花恐知漁子之
舟屋前滄波意在太公之釣檻臨
池塘無違濂溪之志亭號龍潭豈
非慕葛之心難禁歲月之如流哀
臨一日之化仙孤我一命年至二
八何以知之無異童子先考平生

간혹 사람들이 "한국철학이란 게 따로 있습니까?"라고 물으면 한국철학 전공자로서 곤혹스러울 때가 있다. 이 물음은 중국철학 과는 특별히 다른 한국철학만의 특징이 있느냐는 질문이다. 한국 의 위대한 성리학자로 퇴계와 율곡을 꼽지만 사실 주자와 어떻게 다르며, 원효, 의상, 지눌의 불교를 내놓아도 이것 역시 중국 불 교와 구분 지을 만한 차별성을 지니느냐는 것이다. 중국의 도교 가 들어오기 전에 신선도, 고신도 또는 풍류도로 불리는 고유 사 상이 있었다고 항변하고 싶지만, 텍스트가 거의 남아 있지 않으 니 적극적으로 내세우기는 어렵다. 물론 성리학이나 불교를 무조 건 외래사상이라고 할 수는 없다. 처음에는 외래사상이었지만 우 리나라에 전래되어 우리나라의 실정에 맞게 변모되었고, 그것을 통해 우리의 문제를 고민함으로써 그들과는 다른 특징들이 생겨 났다. 그런 점에서 '한국철학'이라고 할 수 있다. 하지만 그 차이 는 정말 미묘하다.

그러면 처음부터 우리 문제를 고민하는 과정에서 자생적으로 발생한 우리 철학 사상은 없는가? 있다. 동학이 있고, 증산이 있고, 원불교가 있고, 대종교가 있다. 위대한 사상은 항상 가장 극심한 혼란기에 나온다고 한다. 모순이 깊을수록 지혜도 깊은 법. 몇십 년의 간격을 두고 한꺼번에 이 위대한 사상들이 나온 것은 그만큼 우리 구한말의 혼란이 심중하였다는 것을 반영하는 것이지만, 한편으로 보면 우리 민족의 축복이기도 하다.

이들 중 증산과 원불교는 공히 개벽을 내세우는 종교 사상으로 그 뿌리는 동학에 있다고 할 수 있다. 따라서 자생적 한국 사상은 결국 동학으로 귀결되고 동학으로부터 다시 시작된다고 할 수 있다. 그러므로 이제 동학을 통해 현대 문명을 반성적으로 돌아보고 우리 문제를 우리 사상으로 풀어보는 길을 찾아보고자 한다.

지금까지 동학에 대한 다양한 평가와 기대가 있었다. 동학은 주로 역사학계에서 다루어왔는데 1990년대 말부터 동학 관련 학회가 생겨 활발히 활동하고 있는 것을 비롯하여,[1] 여타 학문 분과에서도 동학에 대한 관심이 점차 커지고 있다. 역사학계에서의

---

1 1997년 '한국동학학회'가 창립되어 2011년까지 학회지 『동학연구』를 제31호까지 발간하였으나 현재 활동을 중단한 상태이며, 1998년 동학학회가 창립되어 2020년 겨울 현재 『동학학보』 통권 제57호를 발간하며 활동 중이다.

동학 연구는 동학농민운동에 대한 사상적 기반으로서 주로 연구되어 학자들의 성향에 따라 때로는 지나치게 과대평가되기도 하고, 때로는 지나치게 폄하되기도 했다. 반면 사회학계나 정치학계에서는 민족주의적 입장과 근대적 민권 사상의 입장에서 접근하여, 한국의 자생적 근대성에 대한 담론으로 논의되기도 했다.

최근에는 생명과 생태에 대한 관심이 증가함에 따라 한국 생명사상의 뿌리로서 새롭게 조명되어 생명운동의 사상적 기반으로 자리매김하고 있기도 하다. 신학계에서는 진작부터 초월적 창조신학을 극복하고 한국적 토착신학의 가능성을 발견하기 위한 모델로서 동학의 신관에 깊은 관심을 보여 왔다. 대표적으로 캐나다 리자이나 대학 비교종교학과 오강남 교수는 "동학의 가르침은 세계 종교사에서 나타나는 보편적 가치의 결집"[2]이라고 평가하면서 동학의 세계 대안종교로서의 가능성을 우회적으로 표현한 바 있다. 그런가 하면 철학자 윤노빈(1941~1982 월북)은 동학이 "밀레토스의 로고스적 혁명이나 예루살렘의 파토스적 혁명이 가져온 결과보다 더 놀라운 변화를 인류의 앞날에 가져다 줄 것"[3]이라고

---

2 오강남, 『세계종교 둘러보기』(현암사, 2003) 341쪽.
3 윤노빈, 「동학의 세계사상사적 의미」, 『新生哲學』(학민사, 2003), 334쪽.

하면서 동학의 세계 사상사적 의의를 높게 평가하기도 했다.

이들은 각자 자기의 관심 분야에 따라 전혀 다른 측면에서 이 야기를 하고 있지만, 동학이 많은 가능성을 내포하고 있다는 데 에는 이견이 없다. 반면 동학에 대한 몇 가지 논란도 상존해 왔 다. 그중에서 중요하다고 생각되는 몇 가지 주장을 살펴보자.

첫째, '동학은 유불선 삼교의 단순한 종합일 뿐이다'라는 주장 이다. 이는 동학이 유교·불교·도(선)교의 몇몇 요소를 짜깁기한 조잡한 사상이라는 의미를 내포하고 있다. 그러나 동학은 유불 선 삼교의 단순한 수평적 조합이 아니다. 물론 동학의 교조인 수 운(水雲) 최제우(崔濟愚, 1824~1864)가 구도 시기에 위의 종교 사상 을 두루 섭렵한 것이 사실이다. 하지만 그는 한울님을 만나는 신 비체험을 통해, 그리고 그 반성 작업을 통해 결국 모든 사람이 한 울님을 모시고 있다는 '시천주(侍天主)'를 자각함으로써 동학을 성 립시켰다. 그 가운데 서학의 영향도 간과할 수 없다. 동학은 애초 에 서학에 대응하여 성립했지만, 결과적으로 한울님 체험을 통해 '천도(天道)'의 보편적 진리를 깨우침으로써 서학까지도 품어 안 았다. 그러므로 동학은 동양적 수행 전통과 서양의 유일신 종교 전통을 아우르는 사상이라고 할 수 있다. 이것이 동학의 또 하나 의 가능성이다.

둘째, '동학은 종교가 아니다'라는 인식이 있다. 이는 동학을 한국 최초의 근대적 자유 민권 사상이며, 인간 존엄을 극도로 높인 평등사상으로 이해하고자 하거나, 한국의 자생적인 생명사상으로 보고자 하는 관점이다. 이런 인식은 동학에 대해 상당한 정도의 지식과 애정이 있는 사람들이 동학을 종교가 아닌 진정한 한국 사상으로 정립하고자 하는 데서 비롯한다.

나는 이런 입장에 대해 충분히 공감한다. 그러나 동학은 또한 종교이기도 하다. 동학은 수운의 결정적 종교체험을 통해 탄생되었다. 그리고 동학은 모든 사람 안에 '모신 한울님'을 섬기는 시천주 신앙에 기반을 두고 있다. 동학을 종교와 분리하려는 사람들은 동학사상에 상당한 정도의 합리성과 깊은 철학적 수준이 있다는 것을 간파하고 가장 한국적인 철학 또는 현대 과학에 배치되지 않는 새로운 형이상학의 가능성을 보고자 하는 것이다. 그러나 지나친 이론화는 신앙의 힘에 의한 인격의 변화와 사회적 실천의 가능성을 약화시킬 우려가 있다.

나는 동학이 일차적으로 인격의 변화를 위한 실천적 신앙의 종교라는 사실을 강조하고자 한다. 왜냐하면 동학이 이 시대의 새로운 형이상학으로 기능하면서도 우리 삶을 더 나은 쪽으로 인도하는 실천적인 가르침이기를 바라기 때문이다. 동학은 '학문이지만 동시에 종교다'라는 역설적 진리를 이해해야 한다. 원래 동양에서는 학문과 종교 또는 도가 구분되지 않았다. 동양의 관점에서 지식과 실천은 항상 같이 있는 것이기 때문이다. '종교이면서 종교가 아니고, 종교가 아니면서 종교이다'는 말을 이해할 때 동학의 본령에 좀 더 다가갈 수 있다.

셋째, '동학에는 수행이 없다'고 생각하는 사람이 많다. 동학은 깨달음과 상관없는 현실적 종교 사상일 뿐이라는 것이다. 이는 위의 두 번째 문제와도 연결되는데, 지금까지 사회적으로 드러난 동학의 모습은 항상 동학농민혁명과 갑진개화운동, 3·1운동, 그리고 1920년대 문화운동 등의 민족운동, 사회운동의 맥락에 놓여 있었기 때문이다. 그러나 사상의 성격이 강하다고 수행 전통이 없다고 생각하는 것은 오해다. 동학은 일차적으로 종교이지만 단순히 신에게 의지하여 의타적으로 구원을 받는 타력적인 종교가 아니라 수행을 통한 깨달음을 추구하는 종교다. 동학의 변혁적 측면을 감당하는 개벽도 수행을 바탕으로 해야 이룰 수 있다는 점을 감안할 때, 동학의 핵심은 수행이라고 해도 과언이 아니다. 동학의 수행은 안으로는 '시천주 체험'을 통해 마음의 신령성을 회복하고, 밖으로는 생활이 거룩해지는 '삶의 기술'을 익히는 것이다.

넷째, '천도교는 동학에서 변질되었다'라는 관점이다. 천도교를 동학과 구분 짓고, 나아가 동학의 전통으로부터 배제하려는 것이다. 물론 천도교가 동학을 계승한 유일한 단체는 아니지만 동학의 본령을 계승하여 오늘에까지 활동을 하는 실질적으로 유일한 종단인 것은 사실이다. 또한 천도교가 동학을 근대적인 종교 교단으로 탈바꿈시킨 것도 사실이다. 천도교의 모습 중에는 동학을 잘 계승한 것도 있고, 시대에 응변하면서 달라진 것도 있다. 긍정적 측면도 있고 부정적 측면도 있다. 이미 교단의 성격이 강해졌기 때문에 동학의, 학문으로서의 보편성을 상실한 아쉬움이 있고, 반대로 종교이기에 신앙과 수행의 측면을 잘 간직한 장점도 있다. 천도교는 동학의 시대적 대응의 소산물이자, 아직도 살아 있는 동학의 역사적 실체다. 따라서 동학과 천도교를 완전히 떼어 놓고 이야기하면 동학의 큰 부분을 잃게 되는 것이고, 그렇다고 천도교를 동학과 완전히 동일시하는 것도 천도교 발전에 꼭 도움되는 것은 아니다. 이것은 수운의 역설적 진리인 불연기연(不然其然)에 따라 '기우뚱한 균형'의 관계로 이해하는 것이 바람직할 것이다. 따라서 이 책에서는 일제의 침탈이 심해지던 암울한 시기에 동학을 계승하여 민족운동을 전개한 천도교의 시대적 대응까지를 살펴봄으로써 오늘날 우리가 나아갈 방향을 모색하는 데 타산지석으로 삼고자 한다. 이러한 시도는 동학의 본래적 성격과 '다시개벽'의 지향성이 어디에 있는지를 생각해 보는 좋은 계기가 될 것이라고 본다.

나는 위의 네 가지 논란들에 답하는 방식으로 이야기를 풀어나가고자 한다. 그래서 동학을 과대 평가하여 세상 모든 문제를 동학이 해결할 수 있다는 시각도 지양하고, 반대로 동학을 한때의 유사종교로 폄하하는 것도 막으면서 차분하게 오늘날 동학이 어떤 의의와 가능성이 있는지를 살펴보고자 한다. 그것은 수운 선생이 이야기한 '다시개벽'이 과연 오늘날 어떤 의미인지를 살펴보는 작업이 될 것이다. 나는 이를 통해, 늦었지만 '우리의 학'을 가지고, 우리의 현안들에 대해 우리 식의 관점과 방식으로 길을 찾아나갈 수 있기를 바란다.

제1장

동학은 어떻게 생겨났는가

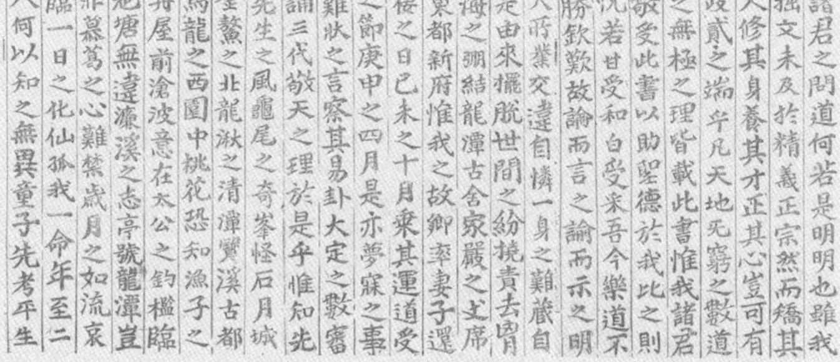

諸君之問道何若是明明也雖我
拙文未及於精義正宗然而矯其
人修其身養其才正其心豈可有
歧貳之端乎凡天地无窮之數道
之無極之理皆載此書惟我諸君
敬受此書以助聖德於我比之則
怳若甘受和白受采吾今樂道不
勝欽歎故論而言之諭而示之明
大碍業交違自憐一身之難藏自
是由來擺脫世間之紛撓責去胷
海之弸結龍潭古舍家嚴之丈席
東都新府惟我之故鄉率妻子還
棲之日己未之十月乘其運道受
之節庚申之四月是亦夢寐之事
難狀之言察其易卦大定之數審
誦三代敬天之理於是乎惟知先
先生之風龜尾之奇峯怪石月城
金鰲之北龍湫之清潭寶溪古都
馬龍之西園中桃花恐知漁子之
舟屋前滄波意在太公之釣檻臨
池塘無違濂溪之志亭號龍潭豈
非慕葛之心難禁歲月之如流哀
臨一日之化仙孤我一命年至二
八何以知之無異童子先考平生

1. 수운의 생애와 문제의식, 보국안민

　동학을 창도한 수운 최제우는 본관이 경주이고 이름은 제우(濟愚), 자는 성묵(性默)이다. 1824년(갑신) 10월 28일 경주 현곡면 가정리에서 탄생하였다. 초명은 제선이며, 아버지 이름은 최옥으로 근암공(近菴公, 1762~1840)이라 불리었으며, 어머니는 한(韓)씨이다. 최옥은 당시 경주에서도 이름 있는 학자였으며 그의 학문은 이현일(1627~1704), 이상정(1711~1781)을 잇는 퇴계학의 적통을 계승하고 있다고 할 수 있다. 학문은 뛰어났지만 과거에는 번번이 낙방하고 60이 넘도록 아들이 없이 지내다가, 남편을 여의고 혼자가 된 한씨를 만나 늘그막에 아들을 낳았다. 한씨가 한번 결혼을 한 재가녀였기에 수운은 비록 서자는 아니었지만 서자와 다름없는 멸시와 차별을 받았다.

　수운은 열 살이 되던 해 어머니를 여의고 늙은 아버지 밑에서 한학을 배우며 어린 시절을 보냈다. 아버지로부터 정통 유학(퇴계학)의 가르침을 받았지만 당시의 유교는 이미 너무 많은 문제를 노정하고 있었다. 또한 당시는 서양 제국들의 동양 침탈로 인해 시대적 위기의식이 고조된 상태였고, 삼정의 문란과 세도정치 속에서 신음하는 백성들은 갈 길을 찾지 못하고 있었다. 수운은 세상의 부조리와 모순을 누구보다 뼈저리게 느꼈지만, 정작 자신이 그러한 시대에 뜻을 펼 수 없다는 신분적 한계도 절감했다.

수운이 17세 되던 해, 그동안 스승과 같았던 아버지가 돌아가셨다. 19세 때는 울산 출신의 박씨 부인을 맞아 혼인하게 되는데, 혼인한 지 1년쯤 후에 집에 불이 나서 세간살이와 아버지로부터 물려받은 책들이 모두 불타버리게 된다. 이 사건은 개인적으로는 불행한 사건이었지만, 결과적으로는 아버지의 유학으로부터 벗어나서 새로운 무언가를 모색하게 하는 계기가 되었다는 점에서 매우 중요한 사건이었다고 생각된다. 이 무렵 무과에 응시할 생각으로 무예를 연마하고 있었는데, 가중되는 경제적 어려움과 해소되지 않는 답답증으로 인해 얼마 못 가서 활과 칼을 거두고 장삿길에 나서 팔도를 떠돌게 된다. 그 후 약 10년 이상 계속된 떠돌이 생활은 도탄에 빠져 신음하고 있는 백성들의 삶을 직접 목격하고 체험해 보는 계기가 되었다. 신동엽 시인은 이때를 다음과 같이 읊고 있다.

짚신 신고 / 수운은, 3천리 / 걸었다. // 1824년 / 경상도 땅에서
나 / 열여섯 때 부모 여의고 / 떠난 고향. // 수도(修道) 길. / 터지
는 입술 / 갈라지는 발바닥 / 헤어진 무릎. // 20년을 걸으면서, /
수운은 보았다. / 팔도강산(八道江山) 딩군 굶주림 / 학대, / 질병,
// 양반(兩班)에게 소처럼 끌려다니는 농노(農奴). / 학정 / 뼈만
앙상한 이왕가(李王家)의 석양(夕陽). (신동엽, 『금강』, 제2장 중에서)

　　10여 년의 방랑 생활을 접고 정착한 것은 1854년, 그의 나이 31
세 되던 해였다. 그때 부인 박씨는 두 아들과 함께 울산에 있는
친정에서 살고 있었다. 수운은 일단 울산으로 가서 가족들을 돌
보며, 처가로부터 멀지 않은 곳에 조용한 거처를 마련하고 새로
운 도법을 찾기 위한 수련에 정진할 뜻을 세웠다. 그리하여 자그
마한 초옥을 마련한 곳이 울산 유곡동 여시바윗골이란 곳이다.
1855년 이곳에서 수운은 첫 번째 신비한 체험을 한다. 이인(異人)
으로부터 책 한 권을 받는 사건으로, 그 책을 일명 '을묘천서(乙卯
天書)'라고 한다. 그의 나이 32세 때의 일로 수운은 이 사건을 계
기로 구도 방법을 기존의 독서와 사색에서 하늘에 기도하는 종교
적 수행으로 전환한다.
　　이후 그 책에서 가르친 대로 몇 차례 '49일 기도'를 행한다. 기

도 과정에서 백리 바깥에서 일어난 일을 눈앞에서 보는 듯이 알게 되는 등의 체험을 하지만, 여전히 세상을 건질 대도는 발견하지 못했다. 그러던 사이에 집안 사정은 더욱 나빠졌다. 수운은 공부(수행)를 계속할 재정을 마련하기 위하여 철광업에 손을 대기에 이른다. 아마 한 번에 큰돈을 벌어 가장으로서의 책임을 다하고 또 수도에만 정진하려는 의도였을 것이다.

그러나 철광업은 얼마 못 가 파산하고 결국 빚더미에 올라앉게 되었다. 그의 나이 36세 때였다. 40이 가까운 나이에 이룬 것은 하나도 없고, 처자도 건사하지 못할 형편이 되었다. 처절한 절망감을 안고 다시 고향 경주 용담으로 돌아온 때는 1859년(기미) 11월(음)이었다. 이미 한겨울에 접어든 때인지라 옛집 주변의 풍광마저 쓸쓸하기 이를 데 없었다. 그때의 비참한 심정을 수운을 다음과 같이 읊고 있다.

불우시지 남아로서 허송세월 하였구나 인간만사 행하다가 거연 사십 되었더라 사십 평생 이뿐인가 무가내라 할 길 없다 구미용 담 찾아오니 흐르나니 물소리요 높으나니 산이로세 좌우 산천 둘러보니 산수는 의구하고 초목은 함정하니 불효한 이내마음 그 아니 슬플소냐 오작은 날아들어 조롱을 하는듯고 송백은 울

울하여 청절을 지켜내니 불효한 이내마음 비감회심 절로난다.

(『용담유사』, 「용담가」)

고향 용담으로 돌아온 수운은 이제 도를 통하지 못하면 다시는 세상에 나오지 않겠다(不出山外)는 비장한 각오로 수련에 들어간다. 그렇다고 예전처럼 가족을 떠나 조용한 장소를 택해 들어간 것이 아니라 가족과 함께 머물면서 지독한 수련을 한다. 이런 비장한 각오 덕분인지 다음 해 4월 5일, 그의 나이 37세 되던 해 한울님과 문답이 열리는 결정적인 종교체험을 하게 된다. 이 한울님[4] 체험은 약 6개월 동안 계속되었다고 한다. 수운은 이 과정에서 삶과 존재에 대한 새로운 지평이 열리면서 모든 사람이 걸어가야 할 참된 길(無極大道)을 깨닫고 그것이 바로 보국안민의 진정한 방도라는 것을 확신하게 된다.

이렇게 동학 성립은 수운의 경신년(1860) 신비체험으로 결정

---

4 '한울님': 수운의 『동경대전』에는 ㅎㄴ늘님으로 표기되어 있다. 이에 대해 하느님, 하늘님, 하날님 등으로 다양하게 표기될 수 있지만, 수운의 신 개념이 기독교의 그것과 달리 우주적 영이자 우주기운, 또는 우주정신, 우주생명의 함의를 내포하면서 특히 인간의 내면에 모셔져 있는 내유신령이 중요한 개념이라고 할 때, 기존의 용어와 구분할 필요가 있다고 생각하여 이 책에서는 '한울님'이라는 용어를 쓰기로 한다.

적 계기를 마련하였다. 그러나 학문으로서의 동학이 완전히 성립될 수 있었던 것은 그로부터 다시 일 년이 지난 후였다. 수운 자신의 회고에서도 알 수 있듯이 한울님 체험 이후 바로 포교를 시작한 것이 아니라, 거의 한 해 동안은 닦고 헤아리는(修而度之) 성찰의 시간을 갖는다. 수운은 이 기간 동안 자신의 체험을 객관화하는 작업을 하였다. 그 결과로 나온 것이 '시천주(侍天主)' 사상이다. 시천주 사상은 21자로 된 주문의 형태로 집약되었다. 일 년여의 성찰의 시간을 통해 자신의 깨달음을 검증하고 체계화한 수운은 자신이 깨달은 바를 세상 사람들에게 전하기 위한 절차와 도법을 정하고 포덕을 시작한다. 이때가 1861년 6월이다.

용담정으로 찾아오는 사람들에게 도를 전해 주니 '용담에 명인이 났다'고 소문이 나 사람들이 구름처럼 몰려들었다. 9~10월에 이르자 사방에서 찾아오는 사람들의 수는 유림의 걱정을 자아낼 만큼 늘어났다. 유림 측에서 비난의 소리가 일기 시작했다. 기다렸다는 듯이 관아에서도 이단으로 지목하고 압박을 가했다. 포덕을 계속할 수 없게 된 수운은 부득이 고향을 떠나야 했다. 제자한 사람을 데리고 11월에 길을 떠나 이곳저곳을 거쳐 12월 하순경에 전라도 남원에 도착했다. 교룡산성 밀덕암(密德庵)에 여장을 풀고 은적암(隱寂庵)이라 이름한 다음 해(1862) 3월경까지 은신하면서 제자들을 위해 여섯 편의 글을 썼다.

남원에서 다시 경주로 돌아온 것은 39세 되던 1862년 3월이었으나 한동안 경주부내에 머물다가 6월 하순에 용담으로 돌아왔다. 8월이 되자 다시 찾아오는 사람이 늘어났다. 그러자 경주 관아에서 수운을 체포하였다. 9월 29일 수운이 관아에 수감되었다는 사실이 알려지자 2~3일 후 교도 6~7백 명이 모여들어 격렬히 항의하였다. 사태가 위급해지자 경주 영장은 5일 만에 수운을 석방했다. 풀려난 수운은 11월부터 흥해 지역을 중심으로 순회하다가 12월 30일에 최초로 접(接)을 조직하여 지역별로 16명의 접주를 임명했다.

1863년 봄이 되자 수운은 다시 용담으로 돌아왔다. 이때부터 공공연히 드러내놓고 교화와 포교(포덕)에 전념하였다. 경주 관아에서는 이 사실을 알면서도 이를 제지할 힘이 없어 조정에다 대책을 세워달라고 진정만 올렸다. 수운은 머지않아 위험이 닥쳐올 것을 예측하고 7월 23일 수제자인 최경상(崔慶翔, 나중에 이름을 시형(時亨)으로 바꿈)을 '북도중주인'으로 임명하고, 8월 14일에는 도법을 물려주었다. 이때 수운의 나이는 40세였고, 최경상(시형)은 37세였다.

조정은 11월에 수운을 체포하기 위해 선전관 정운구를 경주로 파견, 12월 10일 수운을 체포하였다. 수운은 한양 근교 과천까지 압송되다가 철종이 갑작스레 붕어하자 대구로 돌려 보내져 다음 해(1864) 1월 20일부터 심문을 받았다. 이후 수운은 "등불이 물 위에 밝았으니 의심이 없고, 기둥이 마른 것 같으나 힘은 남아 있도다"라는 유언 시를 남기고, '좌도난정'의 죄로 1864년 3월 10일 대구 장대에서 참형을 받고 순도하였다.

　수운 최제우의 선생이 동학을 창도한 것은 '보국안민(輔國安民)'이라는 당시의 과제 상황을 떠나 논의될 수 없다. 동학의 성립은 1차적으로는 조선왕조의 유교적 지도 이념의 몰락, 양반 중심의 신분 체제의 붕괴와 서구 열강의 침략이라는 대내외적 위기에 대한 대응이었다. 19세기에 접어들면서 조선은 양란(임진·병자) 이후 점증하는 정치 사회적 혼란을 극복하지 못하고 세도정치의 암흑 속으로 빠져들고 있었다. 그나마 이념적 버팀목이었던 유학(주자학)도 활력을 잃고 그에 바탕한 지배 질서는 문벌에 의해 좌우되면서 사회의 도덕적 기강도 붕괴되고 있었다. 세도정치는 과거제도의 타락과 매관매직-가렴주구의 악순환을 불러왔다.

　정치적 혼란과 과거제의 폐단은 삼정의 문란으로 이어졌다. 매관매직은 곧바로 지방 수령들의 가혹한 세금 징수와 수탈로 이어졌다. 이에 따른 민생 파탄은 인내의 한계를 넘고 있었다. 농민들은 최소한의 생존마저도 보장받지 못하고 고향을 떠나 유민이 되기도 하고, 때로는 핍박하는 수령들과 향리들에 대항하여 민란을 일으키기도 하였다. 철종 대에 이르러는 이런 농민반란은 전국적으로 더욱 빈번하게 일어났다. 게다가 계속된 자연재해와 전염병은 농민들의 고통을 가중시켰다. 수운은 이 시기를 "악질이 나라 안에 가득 차 있고, 백성들은 사시사철 편안할 날이 없다."[5]고 했다.

여기에 서구 열강이 급속하게 동아시아로 진출하는 데 대한 위기의식도 날로 높아지고 있었다. 청나라는 아편 밀수출을 저지하려다가 영국이 도발한 아편전쟁(1840~1842)에 패해 1842년 불평등조약인 남경조약을 맺어 홍콩을 영국에 할양해 주고 5개 항구를 개항하여 자유무역을 허용하게 되었다. 한편 1850년 광동성에서 홍수전(洪水全) 등이 나라를 구하겠다고 '태평천국' 운동을 일으켜 국내적으로도 전란에 휩싸이게 되었다. 이어 1856년 10월 애로우호 사건이 일어나, 영국과 프랑스 연합함대가 청나라를 공격하여 광동을 점령하고 천진을 공격하였다. 청은 다시 굴복하여 1858년 천진조약을 체결하여 천진을 비롯한 10개 항구를 개항

---

5 『東經大全』「布德文」, "我國惡疾滿世, 民無四時之安, 是亦傷害之數也."

하고 양자강을 서양 선박들에게 개방하였다. 그러나 청이 이 천진조약의 비준과 실행을 지연하려고 하자 영국과 프랑스의 연합함대는 1860년 다시 무력으로 천진을 점령하고, 8월에는 청의 수도 북경을 점령하였다. 청의 황제는 열하로 피난가고, 청은 영국과 프랑스의 요구대로 1860년 9월에 북경조약을 체결하여 천진을 개항하고, 배상금 1,600만 달러와 천주교 허용 등의 요구조건을 굴욕적으로 들어주게 되었다.

서구 열강의 무력 침공 앞에 문을 연 중국은 서구의 세력 각축장으로 전락했고, 이런 중국의 대내외적 위기는 조선에도 그대로 전달되어 서양의 조선 침략이 임박했다는 위기의식으로 긴장감이 고조되고 있었다. 이에 수운은 "서양은 싸우면 이기고 치면 빼앗아 이루지 못하는 일이 없으니 천하가 다 멸망하면 또한 순망지탄이 없지 않을 것이라. 보국안민의 계책이 장차 어디서 나올 것인가."[6]라며 탄식했다.

이런 서구의 동진(東進)으로 인한 충격에 당시 조선 사회의 지식인들은 주자학적 이념을 더 강화하여 국가 사회를 결속하고 서학

---

6 『東經大全』「布德文」, "西洋戰勝功取 無事不成而 天下盡滅 亦不無脣亡之歎 輔國安民 計將安出."

과 서양 세력을 물리쳐야 한다는 목소리와, 반대로 형해화된 주자학을 비판하고 서구의 앞선 문물을 받아들여 쇠약해질 대로 쇠약해진 조선왕조 지배 체제를 개혁해야 한다는 이중적 움직임이 나타나고 있었다. 앞의 움직임을 위정척사파라 하고, 뒤의 움직임을 개화사상이라고 할 수 있다. 이러한 움직임이 지식인 주도의 위로부터 대응이었다면 수운의 동학은 민중적 차원에서 당시 '보국안민'이란 과제상황에 대한 주체적 응전이었다고 할 수 있다.

동학의 성립은 당시 삼정의 문란으로 대표되는 극심한 사회적 혼란과 서세동점의 국가적 위기 속에서 조선 백성들의 고통을 구제하고자 하는 치열한 고뇌의 산물이다. 무엇보다도 수운은 당시 천하의 종주국이라고 생각했던 중국이 서양 제국주의의 도발에 무기력하게 무너지는 것을 보고 당혹감을 느꼈으며, 이제 서양 세력이 곧 조선에까지 침략해 들어올 것이라는 위기감을 온몸으로 실감하고 있었다. 이런 위기 상황에서 수운은 오로지 보국안민(輔國安民)의 문제의식을 가지고 어떻게 하면 서양의 침략으로부터 나라를 보전하고 고통에 빠진 이 백성들을 편안하게 할 수 있을 것인가를 고민하였던 것이고, 그 답을 내놓은 것이 바로 동학이라고 할 수 있다. 따라서 동학은 일차적으로 '보국안민의 학'이라고 할 수 있겠다.

2. 동학은 유불선의 종합인가?

앞에서 동학의 시대적 배경과 문제의식을 간략히 살펴봤다면, 이 장에서는 그 사상적 배경을 살펴보기로 한다.

흔히 동학을 '유불선 합일'이라고 표현한다. 이것을 긍정적인 의미로 사용하는 사람도 있지만 일부에서는 '유불선의 좋은 점을 적당히 조합한 혼합주의적 사상' 또는 '유사종교'의 의미로 사용하기도 한다.[7] 그러나 동학은 유불선의 단순한 조합이나 혼합이 아니다. 물론 동학이 유불선의 영향을 받지 않은 것은 아니다. 하지만 동학은 1860년 수운의 결정적인 종교체험을 계기로 성립되

---

7   동학을 유불선과 무속, 기독교까지 혼합한 유사종교 정도로 보는 것은 일제의 식민정책의 일환으로, 어용학자들, 예를 들면 무라야마(村山智順)의 『조선의 유사종교(朝鮮の類似宗教)』와 요시카와(吉川太文郎)의 『조선의 제종교(朝鮮諸宗教)』의 영향 때문이기도 하다. 또 종교학에서는 동학을 흔히 혼합주의(syncreticism)으로 설명하기도 하는데 이것으로 동학을 설명하기에는 부족한 점이 많다. 혼합주의는 중국 명대 이후 사상계의 일반적 특징이기도 하지만 주류적 이념이 흔들릴 때마다 나타나는 혼란기의 한 특징이기도 하다.

었다는 점에 유의한다면 유불선의 특성과 구별되는 동학의 독자
성에도 주목해야 할 것이다.

사실 동학이 유불선의 합일이라는 말과 유사한 표현을 수운 그
자신이 직접 사용했다. 수운은 정확하게는 "유불선을 겸하여 나
왔다"[8]라고 표현했다. 그러나 한편으로는 "우리 도는 지금도 듣지
못하고 옛적에도 듣지 못하던 일이요, 지금에도 견줄만한 것이
없고 옛것에서 견줄 만한 것이 없는 법"[9]이라고 하여 동학의 독자
성에 대한 자부심을 드러내기도 했다.

때문에 '유불선 합일'이라는 표현은 하나의 레토릭(=미사여구)
으로 보는 것이 합당할 것이다. 좀 더 엄밀하게 동학의 사상적 배
경을 파악하기 위해서는 유불선 삼교로부터 각각 받은 영향은 물
론 서학의 영향, 그리고 민간신앙이라든지 한국의 고유사상과의
관련성도 살펴야 한다. 여기에 수운의 종교체험이 동학이라는 사
상 형성에 어떤 영향을 미쳤는지를 종합적으로 살펴야 동학사상
의 전체적인 모습이 파악될 수 있을 것이다.

먼저 유학과의 연관성을 살펴보자. 오늘날 사람들은 유학 또

---

8 "此道以儒佛仙三道兼出也."
9 『동경대전』「논학문(論學文)」, "今不比古不比, 今不聞古不聞之法."

는 유교를 지나치게 폄하하는 경향이 있다. 유교는 봉건적 사유를 대표하는 것으로 현대 사회에서는 극복해야 할 그 무엇인 것처럼 취급되고 있다. 그러나 유교는 그렇게 간단히 무시될 수 없는 보편적 사유를 내포하고 있다. 유교는 공동체적 삶의 조화와 질서를 위해 필요한 규범과 좀 더 나은 인격, 원만한 덕성을 겸비함으로써 선하고 의롭고 인간다운 삶을 사는 길을 제시한다. 그러므로 유덕한 사람이 되는 것이 유교의 일차적인 공부 목적이자 삶의 목표이며, 그러한 덕성에 기초해서 덕치를 구현하는 것[修己治人]이 유교의 이상이었다. 유교가 오늘날 이처럼 폄하되는 것은 양난(兩亂, 임진·병자) 이후 조선 후기에 심화된 조선 사회의 폐해 때문으로 보인다. 남존여비가 심해지고, 반상과 적서 차별을 비롯한 신분 질서에서의 기득권 강화, 가문을 지나치게 중시하면서 허례의식에 빠지게 된 것이 이때부터이기 때문이다. 그러나 이것은 어디까지나 유교를 기반으로 한 조선 사회의 말폐일 뿐 유교적 정치 체제의 본령은 아니기 때문에 구분해서 이해할 필요가 있다.

수운이 살던 19세기 중엽은 유교에 기반한 조선 사회의 폐해가 극에 달한 시기였다. 특히 그가 살던 영남 지방은 유교의 본거지이기도 하다. 수운은 천년 왕국 신라의 도읍으로서의 자부심을 간직하고 있던 경주에서 태어났다. 수운의 부친인 근암공(近庵公) 최옥은 영남지방에서 명망 있는 유학자로서 그의 학문적 경향은 퇴계(退溪)의 정맥을 잇고 있다고 평가받는다.[10] 그러나 그는 조선 말기의 시대적 상황을 비판적으로 인식하고 있는 유학자였다.

수운은 어릴 적부터 이런 아버지 밑에서 유교적 교양을 쌓았다. 하지만 어린 수운은 자신이 재가녀의 소생이기 때문에 무과나 잡가는 볼 수 있었지만 조정에 진출할 수 있는 문과 시험은 볼 수 없었다. 이런 신분적 한계로 인해 그는 어린 시절부터 적지 않은 차별과 무시를 당해야 했으며, 이로 인해 당시의 시대적 혼란과 현실적 모순을 누구보다 절감하고 있었다. 반면 문과에 응시할 수 없다는 것은 한편으로 유학(주자학)의 틀에서 벗어나 다양한 학문을 접할 수 있는 계기가 되기도 했다. 그래서인지 수운은 자라면서 유교뿐만 아니라 불교와 도가는 물론 천주교 관련 서적

---

10 최옥의 스승은 기와(畸窩) 이상원(李象遠)이며, 이상원의 스승은 대산(大山) 이상정(李象靖)이다. 이상정은 다시 밀암 이재, 갈암 이현일로 거슬러 올라가는 퇴계학의 적통 계보상의 인물이다.(崔鋈, 『近庵集』, 卷五, 〈畸窩先生文集序〉, "惟退陶夫子, 集東儒之大成, 紹朱子之嫡統. 下以啓鶴敬, 存葛密諸賢之淵流. 大山先生得密翁正傳, 扶植吾道, 興起斯文. (畸窩)先生以葛密賢孫, 受學於大山門下, 則先生之道之文, 其眞有所本矣.")

도 섭렵한 것으로 보인다.[11] 그 덕분에 수운은 여타의 유학자들과 달리 유학의 정통에 얽매이지 않았고 불교와 도가, 나아가 민간 신앙에까지 배타적이지 않았다.

수운의 사유에 가장 중요한 기초가 된 것이 유학이라는 점은 의심의 여지가 없다. 하지만 그는 유학이 쇠운이 지극해진 당대 사회의 구제책이 되기에는 이미 너무 퇴락하였고, 시대에 따른 적극적이고 적절한 혁신에 실패한 것으로 판단했다. 유학의 이상 에는 동의하지만 현실의 유학은 극복해야 할 대상이었다. 공허한 이론적 담론에서 벗어나 이용후생(利用厚生)과 경세치용(經世致用) 을 부르짖은 일군의 학자들이 없었던 것은 아니지만 당시 그들의 논의는 여전히 소수의 목소리에 불과했다. 이에 수운은 "유도불 도 누천년에 운이 역시 다했던가"[12]라고 개탄하고 새로운 구제책 을 찾기 위해 고심했다. 그러므로 동학은 유교적 질서의 한계점 에서 새로운 대안을 찾으려 한 노력의 결실이며, 유교가 본래 추

---

11 吳知泳, 『東學史』(大光文化社, 1996), 20쪽. "일찍 儒道와 佛道와 耶蘇說이며 諸子百家書를 모두 다 涉獵하여 보았었다. 그러나 한가지도 일찍 마음속에 許諾을 받지 못하여 세상사람의 各自爲心하는 것을 歎息하는 한편, 세상 사 람이 同歸一體로 걸어나갈 만한 길을 생각하여 마지아니하였었다."

12 『용담유사』「교훈가(教訓歌)」.

구하고자 했던 민본적인 덕치의 이상을 현실에서 구현하려는 노력에 다름 아니었다.[13]

다음으로 불교와의 연관성을 살펴보자. 불교는 동아시아의 전통적 사유는 아니지만, 주자학(유학)을 비롯한 동아시아 철학과 사상에 많은 영향을 주었으며, 지금까지도 한국인들의 삶에 큰 영향을 미치고 있다. 불교는 우리 삶이 어떻게 조건 지어져 있는지 그 존재와 생명의 실상을 있는 그대로 바라보게끔 한다. 특히 우리 삶을 옥죄고 있는 온갖 고통과 번뇌의 원인을 근원적으로 직시하게 한다. 그리고 그 고통과 번뇌를 제거하는 방법과 그 결과 얻게 되는 해탈과 열반의 세계를 설함으로써 진정한 자유를 얻게 하며, '나는 누구인가'라는 존재의 물음에 가장 심도 있는 답을 제공한다. 이와 같이 나와 관계된 모든 조건을 있는 그대로 이해하고 받아들임으로써 밝지 못하고[無明] 알지 못함[無知]에서 오는 온갖 번뇌를 끊어내고자 하는 것이 인도 불교의 근본 사상이다. 유교가 우리 삶의 정면에서 인간다움과 인륜적 질서를 실현

---

13 이런 까닭에 동학을 유교의 민본성, 플레타르키아(pletharchia)의 완성이며 유교의 종착점으로 보는 시각도 있다. 김용옥, 『도올심득 東經大全 1』(통나무, 2004) 참조.

하기 위한 덕성의 함양을 설한다면, 불교는 삶의 이면에서, 아니 삶의 근원적 차원에서 내가 놓인 조건들을 직시하게 함으로써 일체의 번뇌와 집착에서 벗어나게 한다. 관계를 중시한다는 점에서 이 둘은 상통하지만 불교는 개인과 개인, 개인과 공동체보다 더 큰 중생계 차원에서 '나'를 직시하게 하여 결국 그 '나'조차 해방시켜 버리는 철학이라고 할 수 있다.

한편, 중국 불교는 중국인들의 성향에 맞춰 현세적이며 세속적인 것 안에서 높은 정신성을 발견하고자 하는 성속일치(聖俗一致)의 경향을 띤다. 그리하여 일상의 삶 그 자체에서 열반을 깨치는 것을 중시하여 '번뇌가 곧 보리(菩提, 지혜, 또는 지혜에 이르는 도)'라고 하는 천태종과, 일체의 세계가 주어진 그대로 완전하다고 보는 화엄종의 교학이 나왔다. 그런가 하면 일상적 삶 그 자체에서 완전한 자유를 생생하게 느끼며 적나라한 자기 본래 면목을 직접 대면함으로써 진정한 자유와 삶의 역동성을 일깨우는 가장 중국적인 불교인 선종을 배태하기에 이르렀다. 이는 인도 불교의 이론적, 논리적인 성격에 비해 주체의 체험을 통해 얻는 지혜와 실천을 강조하면서 선(禪)의 활달한 기상과 쇄락자재(灑落自在; 스스로 초연함)한 정신적 자유를 추구한 것이다.

한편, 한국의 불교는 신라 시대 원효와 의상이 높은 교학 수준을 보여주었고, 민중불교로서의 실천성을 담지하면서 화려하게 꽃피어 고려 시대 의천과 지눌로 이어졌다. 이 과정에서 교파와 종파적 대립을 지양하고 중국과는 다른 독자적인 회통(會通)불교의 전통을 만들어냈다. 하지만 조선 시대로 들어서면서는 성리학자들의 탄압에 눌러 존립을 유지하기도 힘겨워졌다. 이에 조선불교는 유불도가 다르지 않다는 삼교회통 사상으로 맞서기도 하고, 현실에서는 민간신앙과 습합되어 기복적인 신앙으로 겨우 명맥을 유지하고 있었다. 수운의 시대에 이르러서도 이런 사정은 크게 나아지지 않았고 불교 본연의 청정수행과 선풍으로 대중을 이끌고 시대를 구제할 활력은 기대하기 힘들었다.

동학의 성립에서 불교의 영향은 유교에 비해서는 크지 않다고 할 수 있지만, 수운의 고향인 경주가 불교적 색채가 강한 고장이라는 점, 그리고 울산 여시바윗골에서의 을묘천서 체험 당시 '금강산 유점사'에서 온 이승(異僧)으로부터 천서를 받았다는 점, 수운이 득도 후에 몇 개월간 남원의 은적암에서 머문 적이 있다는 점 등에서 불교의 영향을 추측해 볼 수 있다. 그래서 그의 글에는 불교적 용어가 적지 않게 등장한다. 대표적으로『동경대전』의 「좌잠(座箴)」의 "불파진념기(不怕塵念起) 유공각래지(惟恐覺來遲)"라는 대목은 지눌의 「수심결(修心訣)」의 영향이 강하게 묻어난다.

「수심결」에서는 "불파념기(不怕念起) 유공각지(唯恐覺遲)"라고 하였다.[14] 이는 그가 불교의 정서와 사상에 익숙했다는 것을 추정하게 한다.

또한 그가 인식의 방법론으로 중시한 '불연기연'은 원효의 『대승기신론소·별기(大乘起信論疏, 別記)』에 보면 "불연지대연(不然之大然)"[15]이라는 표현을 떠올리게 한다.[16] 이런 점으로 볼 때 수운이 동학을 창도하는 과정에서 경전을 정리하고 동학을 펴는 과정에서는 불교적 방식은 물론 불교적 개념과 사유를 적지 않게 활용한 것으로 보인다.

다음으로 선도와의 관련성을 살펴보자. 그런데 우선 고려할 점은 수운이 '우리 도는 유불선(儒佛仙)을 겸했다'고 할 때, 여기서 선(仙)을 어떻게 이해하고 있는지 분명치 않다는 점이다. 지금 학계에서도 중국의 도교와 다른 독자적인 한국 선도가 존재했는지

---

14 이 구절은 원래 『종경록(宗經錄)』에 있는 구절을 인용한 것이다.

15 元曉, 『大乘起信論疏·別記』, "所乘影響非形非說, 旣超名相, 何超何歸, 是謂無理之至理, 不然之大然也."

16 물론 이 구절만 보고 수운이 원효의 영향을 직접적으로 받았다고 단정할 수는 없다. 이 비슷한 사유가 장자에도 보이기 때문이다. 장자에는 '연, 불연'(然, 不然)'이라고 표현했다.

에 대해서는 논란 중이다. 다만 수운 당시에도 수련을 통해 신선이 되어 장생할 수 있다는 믿음을 가지고 명승지에서 수련하는 사람들이 적지 않았던 듯하다. 당시는 극심한 혼란기였기 때문에 자의든 타의든 은둔처 또는 도피처로서 십승지를 찾거나, 미래에 대한 유토피아적 열망으로 산에 숨어든 사람들이 많이 있었다.

수운이 선도의 영향을 받았을 것으로 보이는 흔적은 『동경대전』과 『용담유사』에서 빈번히 발견된다. 영부(靈符)와 주문(呪文)이라든가, 장생(長生), 궁궁(弓弓), 지상신선(地上神仙), 불사약(不死藥) 등이 그것이다. 이 중에서 영부와 주문은 1860년 경신년 4월 5일(음력)부터 지속된 신비체험 과정에서 한울로부터 받은 것이기 때문에, 동학의 수련법에서 핵심적인 위상을 차지한다. 또한 수련을 통해 불사약을 얻고 장생을 추구하는 데서 신선사상이 깊이 침투되어 있음을 알 수 있다.[17] 주문을 큰 소리로 외우면 우주

---

17 수운의 『東經大全』과 『용담유사』에 신선이란 말은 여러 번 나온다. 대표적인 것을 살펴보면 다음과 같다 "春來消息應有知, 地上神仙聞爲近"(「訣」, 『東經大全』) "입도한 세상사람 그 날부터 군자되어 무위이화 될 것이니 지상신선네 아니냐."(「교훈가」, 『용담유사』) "나도 또한 신선으로 이런 풍진 무삼 일고나도 또한 한울님께 신선이라 봉명해도"(「안심가」, 『용담유사』) "어화세상 사람들아 이런 승지 구경하소 동읍 삼산 볼작시면 신선없기 괴이하다 서읍 주산 있었으니 추로지풍 없을소냐."(「용담가」, 『용담유사』)가 있다. 집을 나서 전

의 원기인 지기(至氣)가 접해 온몸에 지기가 가득 차고, 그 상태에서 몸이 한 길이나 뛰어오르면서 목검으로 검무를 추었다는 것도 선도 수행에 가깝다.[18]

선도 못지않게 도참사상(圖讖思想)[19]의 영향을 받은 것으로 보이는 부분도 많이 있다. 도참사상은 미래에 대한 예언과 풍수지리설이 중심을 이루는데, 수운의 글에서도 이와 통하는 부분을 볼 수 있다.[20]

국을 돌아다니던 21세에 선도로부터 많은 영향을 받은 것으로 추측되는데 그에 대한 구체적인 기록은 없다.

18 그러나 선도 내지는 도교적 사유는 수운의 득도 후에는 상당 부분 극복되는 것 같다. 왜냐하면 완성된 수운의 체계에서 영부(靈符)와 주문(呪文)은 마음공부의 수단으로 이해되며, 신선이나 장생 등도 도교적 관념과는 다르게 쓰고 있기 때문이다. 즉 신선이나 장생을 양생술이나 단약(丹藥)을 통해서 불로장생의 경지에 이르는 것으로 사용하는 것이 아니라 한울님을 지극히 위하는 마음공부를 통해서 현인군자가 되고 궁극적으로 '내(=한울님) 마음이 곧 네(수운, 사람) 마음이다[吾心卽汝心]'라는 가르침으로써 한울님과 하나가 되면 무궁한 나에 도달할 수 있다는 의미로 사용한다. 그러므로 신선과 장생, 불사약 등은 비유적인 표현으로 이해하는 것이 수운의 원의에 적합하다고 생각된다.

19 도교와 선도의 구분도 어렵지만, 선도와 풍수도참도 정확하게 구분하기 어렵다. 그러나 본고에서는 편의상 양생법 혹은 내단 수련을 통한 장생불사의 신선을 추구하는 것을 선도로, 풍수와 앞날의 길흉을 예언한 秘記 등을 圖讖思想으로 구분한다.

20 김의환, 「동학사상의 사회적기반과 사상적 배경 2」, 『한국 사상』 제7집, 한

괴이한 동국참서 추켜들고 하는 말이 이거(=지나간) 임진 왜란 때는 이재송송 하여 있고 가산 정주 서적 때는 이재가가 하였더니 어화세상 사람들아 이런 일을 본받아서 생활지계 하여보세 진나라 녹도서는 망진자는 호야라고 허축방호 하였다가 이세망국 하온 후에 세상사람 알았으니 우리도 이 세상에 이재궁궁 하였다네 … 하원갑 지내거든 상원갑 호시절에 만고 없는 무극대도 이 세상에 날것이니.[21]

'하원갑 지내거든 상원갑 호시절' 운운하는 것에서 수운의 사유에는 운수론적 사고, 현세주의적인 유토피아 사상이 깊게 들어와 있음을 알 수 있다.[22] 즉 도읍인 한양이 400년이 지나 이미 지덕(地德)이 쇠하였으며 자신의 '무극대도(無極大道)'[23]가 나와서 새로

국 사상연구회, 1964, 141~146쪽 참조.

21   『용담유사』「몽중노소문답가」.

22   사실 초기 동학의 현실적 전파력은 시천주 사상보다는 세상이 곧 바뀐다는 운수론적인 개벽사상에 기반하고 있었다고 보인다.

23   수운은 자신이 받은/깨달은/창도한 도를 '천도(天道)'라고도 부르지만, '다함이 없는 지극한 큰 도'라는 의미에서 '무극대도(無極大道)'라는 말로 여러 차례 형용하고 있다. 대표적인 것이 "천은이 망극하여 경신사월 초오일에 글로 어찌 기록하며 말로 어찌 성언할까 만고 없는 무극대도 여몽여각 득도로다." (『용담유사』「용담가」)

운 세상을 열 것이라고 보는 것이다. 이런 것을 종합해 볼 때 이들 요소가 그의 종교체험의 선이해로서 깊이 자리하고 있어 개벽적 사유의 싹을 틔웠다고 생각된다. 그러나 수운의 개벽은 세상을 구하고 생명을 보전하는 길이 도참사상처럼 승지(勝地)나 어떤 전설적인 영웅, 또는 비결에 있다고 보지 않고 수심정기(守心正氣)와 성경신(誠敬信)을 통한 마음공부에 있다고 보는 점에서 이들과 구분된다.

3. 서학의 영향

　다음으로 서학과의 관련성을 살펴보자. 동학의 사상적 배경을 단순히 유불선 삼교라고 하기에는 서학의 영향이 적지 않게 감지된다. 특히 종교적인 측면에서는 그리스도교(신구교 포함)와 상통한 점이 적지 않게 발견된다. 만약 그리스도교에서 예수를 가장 모범적인 삶을 산 인류의 스승으로 탈(脫)신화화하고, 예수만이 아니라 모든 사람이 하느님의 아들딸이며 모두가 그리스도가 될 수 있고 한다면 그것이 바로 동학이다. 하느님이 우주를 초월해서 저 높은 곳에 계신 것이 아니라, 이 우주에 가득 찬 기운이자 영(靈)이며, 그 영기가 모든 사람들 속에 나아가 만물 속에 깃들어 있다고 보면 그것이 동학이다.[24] 그래서인지 그리스도교 신학자

24　신비체험을 강조하는 중세의 수도원 중심의 기독교, 예를 들면 에크하르트(Johannes Eckehart, 1260?~1328)의 사상이나, 케이커교의 창시자 조지 폭스 George Fox의 사상은 동학과 상통하는 점이 매우 많다.

들이 오늘날 동학에 가장 큰 관심을 보이고 있다.

수운은 구도 과정에서 서학에 대해 어느 정도 알게 된 것으로 보인다. 수운의 종교체험 초기의 신 관념은 전통적인 동양의 범신론적 전통과는 사뭇 다른 초월적인 인격신의 느낌이 강하게 든다. 이는 그에게 이미 서학의 신 관념이 어느 정도 투영된 것이 아닌가 추정하게 한다.[25] 수운은 한때 서학이 천명을 받은 것이 아닌가 생각하기도 했다.

서양 사람은 도성입덕하여 그 조화에 미치어 일을 이루지 못함이 없고 무기로 침공함에 당할 사람이 없다 하니 만약에 중국이 소멸하면 마치 입술이 없어 이가 시린 것과 같은 우환이 어찌 없겠는가. 이는 다름이 아니라, 이 사람들은 도를 서도(西道)라 하

---

25 동학의 신(하느님, 한울님)은 우리 민족이 전통적으로 믿어온 하느님이라고 하는 주장도 있다. 동학의 '천주'는 라틴어 데우스(Deus)의 번역인 천주교의 '天主'와는 달리 우리 조상들이 대대로 믿어온 신앙대상으로서 '하느님'이라는 것이다. 이를 한자로 표기할 때 하늘(天)에 존칭을 뜻하는 님(主)을 붙여서 '天主'라고 한 것이라고 본다. (최동희, 「東學의 信仰對象」, 『亞細亞硏究』, 1965) 한글가사인 『용담유사』에서는 한번도 '천주'라고 표기하지 않고 'ᄒᆞᄂᆞᆯ님'이라고 한 것을 보면 이 주장은 상당히 일리가 있다고 본다. 그런데 시천주 자각 이후의 수운에게 있어 '천주'는 우리 민족의 하느님이나 서학의 천주 등의 구분을 이미 뛰어넘어 하나라는 생각을 하고 있다고 본다.

고 학을 천주학이라 하고 교는 성교(聖敎)라 하니, 이것이 천시를 알고 천명을 받은 것이 아니겠는가.[26]

이를 보면 수운은 서학을 시대적 대세로 인정하고, 특히 종교로서의 천주학에 상당히 주목하고 있었음을 알 수 있다. 이는 경신년 체험에서 세상을 가르치라는 상제(한울님)의 말씀에 수운은 "그러면 서도(西道)로써 가르치리이까?"라고 묻는 데서도 확인된다.

(한울님이 말씀하시기를) "내 또한 공이 없으므로 너를 세상에 내어 사람에게 이 법을 가르치게 하니 의심하지 말고 의심하지 말라." (수운이) 묻기를 "그러면 서도(西道)로써 사람을 가르치리이까."[27]

그러나 수운은 서학을 전적으로 긍정하였던 것은 아니다. 오히

---

26 『東經大全』「論學文」, "西洋之人, 道成立德, 及其造化, 無事不成, 功鬪干戈, 無人在前, 中國燒滅, 豈可無脣亡之患也! 都緣無他, 斯人, 道稱西道, 學稱天主, 敎則聖敎, 此非知天時而受天命耶!"

27 『東經大全』「布德文」, 19쪽. "曰: 余亦無功, 故生汝世間, 敎人此法, 勿疑勿疑. 曰: 然則西道以敎人乎?"

려 그 반대였다. 앞 절에서도 언급했듯이 수운은 당시 서양의 무력 침략을 가장 큰 위기로 느끼고 있었으며, 이에 대한 대비책으로서 보국안민의 계책을 고심했던 것이다. 그는 이미 천주학의 뒤에 군함과 대포가 있다는 것을 간파하고 있었다. 그러므로 수운에게 서학은 어디까지나 극복해야 할 대상이었다. 그는 서학과 동학의 차이점을 묻는 제자의 질문에 다음과 같이 답하고 있다.

"양학은 우리 도와 같은 듯 하나 다름이 있고 비는 것 같으나 실지가 없느니라. 그러나 운인즉 하나요 도인즉 같으나 이치인 즉 아니니라." 묻기를 "어찌하여 그렇습니까." 대답하기를 "우리 도는 무위이화라. 그 마음을 지키고 그 기운을 바르게 하고 한울님 성품을 거느리고 한울님의 가르침을 받으면, 자연한 가운데 화해나는 것이요, 서양 사람은 말에 차례가 없고 글에 순서가 없으며 도무지 한울님을 위하는 단서가 없고 다만 제 몸만을 위하여 빌 따름이라. 몸에는 기화지신이 없고 학에는 한울님의 가르침이 없으니 형식은 있으나 자취가 없고 생각하는 것 같지만 주문이 없는지라, 도는 허무한데 가깝고 학은 한울님 위하는 것이 아니니, 어찌 다름이 없다고 하겠는가."[28]

양학(洋學)과 동학이 운(運)도 같고 도(道)도 같지만 다만 이치
가 다르다고 설파하는 것은 참으로 놀라운 통찰이다. 조선 시대
에 사상적 정치적인 주류인 성리학자들은 같은 유학의 한 계통인
양명학조차도 이단이라고 배척하였다. 그러한 시대에 수운은 세
상의 진리[道]는 하나이며, 신(神)도 우리 민족의 신이 따로 있고,
서학의 신이 따로 있는 것이 아니라고 본 것이다. 그리고 궁극적
존재는 비록 이름은 다양하게 불리더라도 결국 하나라고 생각한
것으로 보인다. 다만 수운은 서학이 한울님을 바깥에 있다고 생
각하면서 참다운 경천을 하지 않고 단지 자기만을 위하는 기복적
신앙에 빠져 있음을 비판한다. 물론 이는 천주학의 본질이 아니
라 당시 조선 기독교인의 신앙 행태를 비판한 말이다.

　이로써 볼 때 '동학'이라는 명칭에는 '서학'에 대응하는 차원이

28　『東經大全』「論學文」, "曰: 與洋道無異者乎? 曰: 洋學如斯而有異, 如呪而無
　實, 然而運則一也, 道則同也, 理則非也. 曰: 何爲其然也? 曰: 吾道無爲而化
　矣. 守其心正其氣, 率其性受其敎, 化出於自然之中也. 西人, 言無次第, 書無
　皀白, 而頓無爲天主之端, 只祝自爲身之謀, 身無氣化之神, 學無天主之敎, 有
　形無迹, 如思無呪, 道近虛無, 學非天主, 豈可謂無異者乎."

분명 있었다고 여겨진다. 다만 여기서 유의할 점은 동학의 '동'은 반드시 '서'에 대한 '동'보다는 '동국'이라는 좀 더 넓은 의미를 함축한다는 점이다.

> 묻기를 "도가 같다고 말하면 서학이라고 이름 합니까?"
>
> 대답하기를 "그렇지 아니하다. 내가 또한 동에서 나서 동에서 받았으니 도는 비록 천도나 학인즉 동학이라. 하물며 땅이 동서로 나뉘었으니 서를 어찌 동이라 이르며 동을 어찌 서라고 이르겠는가. 공자는 노나라에 나시어 추나라에 도를 폈기 때문에 추로의 풍화가 이 세상에 전해 온 것이어늘 우리 도는 이 땅에서 받아 이 땅에서 폈으니 어찌 가히 서라고 이름 하겠는가?"[29]

'내가 동에서 나서 동에서 받았다'고 할 때의 동은 '동국(東國)', 당시로서는 조선을 의미한다. 예로부터 우리나라를 '동국'이라고 불렀다. 마찬가지로 우리 역사는 '동사(東史)'라고 했다. 또한 잘 알려진 바와 같이 허준은 중국과 다른 우리 의학을 '동의(東醫)'라

---

29 『東經大全』「論學文」, 32쪽.

고 했다. 이런 명칭은 『동국여지승람』, 『동국통감』, 『동사강목』, 『동의보감』, 『동의수세보원』 등 책의 제목에도 잘 나타나 있다. 그러므로 수운의 '동학'은 '동국의 학문'이라는 뜻이다. 이는 수운이 경상감영에서 당시 경상감사 서헌순이 수운 최제우를 심문한 다음 조정에 보고한 장계에 직접적으로 표현되어 있다. 수운은 첫 번째 심문에서 서헌순이 "동학이 무슨 뜻이냐?"라고 묻자, "'동국의 학이라는 의미를 취한 것이다"라고 밝히고 있다.[30]

어쩌면 수운이 말하는 '동'은 중의적 의미로, 하나는 서에 대한 동의 의미이고, 하나는 동국의 동의 의미를 다 지니고 있는지도 모르겠다. 최제우는 서학에 대한 대응도 필요하다고 보았지만 - 더 정확히 말하면 서양 문명의 침략에 대한 대응 - 그 전에 여전히 조선을 현실적으로 주도하고 있는 중국의 학문, 즉 유학을 극복하고자 하는 문제의식이 더 컸다는 점을 제대로 봐야 한다.

결론적으로 말해서 동학의 성립 과정에서 서학은 일종의 대결의식에서, 하나의 반작용으로서 또는 심리적 '그림자'로서 깊게 작용했다고 할 수 있다. 특히 서학의 천주 관념은 수운의 무의식

---

30 표영삼, 『동학 1』, 통나무, 2004, 312쪽, 〈경상감사서헌순장계〉에서 재인용.

에 깊게 작용한 것으로 보인다. 이것이 이후 수운의 한울님 체험에도 직간접적으로 영향을 미친 것이다. 다만 수운은 동학 창도 이후 1년여의 반성적 성찰을 통해서 이를 비판적으로 극복하며, '시천주'의 개념이 확립된 이후에는 서학과 완전히 차별화된 신관을 보여준다. 그럼에도 불구하고 동학의 사상적 배경에 서학의 영향을 간과할 수 없으며 특히 서학의 유신론적 전통이 들어온 것은 매우 중대한 의미를 갖는다. 동학에는 동서양의 사유가 통합적으로 녹아서 그 사상적 기반을 형성하였던 것이다.

이처럼 동학의 사상적 배경을 논함에 있어서 기존의 유불선 삼교합일이라는 표현은 하나의 레토릭(修辭)이라고 생각된다. 불교와 선도의 영향이 전혀 없는 것은 아니었지만, 수운의 사상 형성에 가장 큰 영향을 미친 것은 유학이었으며, 동시에 가장 극복하고 싶었던 것도 유학이었다. 왜냐하면 유학은 현실적으로 여전히 가장 강력하게 작동하고 있는 이념이었기 때문이다. 따라서 유학의 극복이 그의 사상 형성에서 가장 큰 문제의식이었다. 그리고 또 하나는 서학이다. 직접적으로는 서양의 무력이지만 학문적으로 보자면 천주학이다. 수운은 당시 조선에 들어온 천주학이 개인적인 기복을 빌 뿐 정말 한울님을 위하는 것이 아니라고 느꼈다.

따라서 수운의 동학은 이 천주학과 유학을 극복하고 '지금 여기' 이 땅 백성들의 고통에 응답하는 우리의 길, 우리 학문을 내놓고자 한 것이다. 서학에 대응하여 동학을 내놓았다는 기존의 해석을 딱히 틀렸다고 하긴 어렵다. 분명 수운 선생에게는 서학에 대한 비판의식과 서세동점의 위기감이 있었다. 하지만 동학의 '동'을 '서'에 대한 '동'으로만 보기보다는 '동국의 동'으로 읽을 때 19세기 당시 조선 백성들의 고난에 응답한 우리 학문, 우리 종교라는 훨씬 넓은 지평이 열린다. 그래야 동학은 과거의 사상이 아니라 바로 '지금 여기'의 '우리 학문'이 되는 것이다.

4. 결정적 종교체험과 시천주의 자각

　동학을 창도한 결정적인 계기는 1860년 경신년의 종교체험이다. 수운은 신비체험이라고도 하는 이 결정적인 종교체험을 통해 이전 사상의 단순한 종합이 아닌 동학의 독자적인 지평을 열어냈다. 이 장에서는 수운이 종교체험을 하게 된 경위와 그 의미를 살펴보자. 1860년 그의 나이 37세 되던 해 4월 5일이었다. 이날 그는 몸과 마음이 함께 떨리고 이상한 기운에 휩싸이면서, 돌연 허공에서 신비한 존재의 음성을 듣는다. 이 상황을 수운은 다음과 같이 기록하고 있다.

　뜻밖에도 사월에 마음이 선뜩해지고 몸이 떨려서 무슨 병인지 알 수도 없고 말로 형언하기도 어려울 즈음에 어떤 신비한 목소리가 문득 귀에 들리므로 놀라 캐어물은즉 대답하시기를 "두려워하지 말고 두려워하지 말라. 세상 사람이 나를 상제라 이르거늘 너는 상제를 알지 못하느냐?"고 하셨다. 어찌된 일인지를 물으니 대답하시기를 "내 또한 공이 없으므로 너를 세상에 내어 사람에게 이 법을 가르치게 하니 의심하지 말고 의심하지 말라."고 하셨다. 또 묻기를 "그러면 서도(西道)로써 사람을 가르치리이까?" 하였다. 이에 대답하시기를 "그렇지 아니하다. 나에게 영부(靈符) 있으니 그 이름은 선약(仙藥)이요 그 형상은 태극(太極)이요 또 형상은 궁궁(弓弓)이니, 나의 영부를 받아 사람을 질병에서 건지고, 나의 주문(呪文)을 받아 사람을 가르쳐서 나를 위하게 하면 너도 또한 장생(長生)하여 덕을 천하에 펴리라."고 하셨다.[31]

천은이 망극하여 경신사월 초오일에 글로 어찌 기록하며 말로 어찌 성언할까. 만고 없는 무극대도 여몽여각 득도로다. 기장하다 기장하다 이내운수 기장하다. 한울님 하신 말씀 개벽 후 오만년에 네가 또한 첨이로다 나도 또한 개벽 이후 노이무공 하다

---

31 『東經大全』「布德文」, "不意四月 心寒身戰 疾不得執症 言不得難狀之際 有何仙語 忽入耳中 驚起探問則 日勿懼勿恐 世人謂我上帝 汝不知上帝耶 問其所然 日余亦無功故 生汝世間 敎人此法 勿疑勿疑 日然則 西道以敎人乎 日不然 吾有靈符 其名仙藥 其形太極 又形弓弓 受我此符 濟人疾病 受我呪文 敎人爲我則 汝亦長生 布德天下矣."

가서 너를 만나 성공하니 나도 성공 너도 득의 너희 집안 운수로
다. 이 말씀 들은 후에 심독희자부로다.[32]

 수운은 그토록 바라던, 이 세상을 구제할 해법을 제시해줄 절
대적 존재를 만나게 된 기쁨과 도덕적 고양의 상태를 의기양양하
게 노래하고 있으며, 영혼 불멸성의 '시작'이 있기 이전에서 '끝'이
있은 이후까지를 아우르는 무극(無極)의 경지에 도달한 느낌을
장생(長生)이라는 용어로 표현하고 있다.[33] 이때 수운은 절대적
존재, 즉 한울님으로부터 세상 사람들의 질병을 고치고, 세상 사
람들을 바르게 가르칠 도법으로서 '영부(靈符)'와 '주문(呪文)'을 받
았다. 이때 치병(治病)과 강학(道學)이 세속적인 의미의 치유와 학
문만을 의미하는 것이 아님은 물론이다. 표영삼은 수운의 종교체
험의 의의를 다음과 같이 서술하고 있다.

---

32 『용담유사』「용담가」. 심독희자부(心獨喜自負)는 마음이 홀로 기쁨이 넘쳐
 흐르고 가슴 뿌듯한 마음이 들었다는 뜻.
33 일부 학자들이 수운(水雲)의 체험을 무당의 빙의(憑依) 현상과 유사한 것으
 로 보는 경우가 있다. 사실 모든 종교체험은 그 형식이 동일하고 그 구조가
 보편적이라고 생각된다. 그러나 중요한 것은 그 체험을 통하여 어떤 변화가
 일어났는가 하는 점일 것이다.

수운의 종교체험 중에서 중요한 대목은 세계를 보는 시점(視點)이 전도되어 새로운 의미의 세계가 열렸다는 점이다. 보는 눈이 별안간 뒤바뀌어 세계와 인간을 새롭게 볼 수 있게 되었다는 말이다. 즉 가치전도(價値顚倒)의 체험을 하게 된 것이다. 지금까지 지녀왔던 가치체계들이 순간에 무너지고 새로운 시각의 세계로 뒤바뀐 셈이다. 즉 생각하는 틀이 전면적으로 전도되었다는 뜻이다.[34]

여기서 가장 눈에 띄는 것은 '생각하는 틀이 전면적으로 전도되었다'는 말이다. 이것은 주관적인 태도만의 문제가 아니라, 이 우주의 실상을 바라보는 안목, 즉 절대적 지혜가 열렸다는 것, 그리고 그 결과로 우주의 진면목, 즉 진리를 설파하고 진리의 삶을 살아갈 수 있게 되었음을 의미한다. 수운은 이 체험을 통해 삶과 존재에 대한 새로운 지평이 열려서 보국안민의 방도를 깨달았다고 확신했다. 그러나 이러한 자기 확신과 지혜를 세상 사람들과 교감하며 전할 수 있도록 체계화한 학문으로서의 동학이 완전히

34　표영삼, 『동학1』, 통나무, 2004, 98쪽.

성립될 수 있었던 것은 그로부터 다시 일 년 동안 헤아림과 연마의 과정을 거치고 나서였다.

> 내 또한 거의 한 해를 닦고 헤아려 본즉, 또한 자연한 이치가 없지 아니하므로 한편으로 주문을 짓고 한편으로 강령의 법을 짓고 한편은 잊지 않는 글을 지으니, 절차와 도법이 오직 이십일 자로 될 따름이니라.[35]

수운 자신의 회고에서도 알 수 있듯이 한울 체험 이후 바로 치유와 강도(講道), 즉 포교에 들어가는 것이 아니라, 거의 한 해 동안은 닦고 헤아리기(修而度之)를 계속했다.[36] 이 과정을 통해서 수운은 "병적 흥분에 의해 정당하지 않은 일반적 일관성에 빠질 수 있는 위험을 넘어서서 종교적 객관성을 확보"[37]하게 된 것으로 보

---

35 『東經大全』「論學文」, "吾亦幾至一歲, 修而度之, 則亦不無自然之理, 故一以作呪文, 一以作降靈之法, 一以作不忘之詞, 次第道法, 猶爲二十一字而已."

36 테야르 드 샤르뎅(Teilhard de Chardin)은 『인간현상』에서 '반성'능력이 인간 진화의 결정적 계기를 마련했다고 한다. (테야르 드 샤르뎅, 『인간현상』, 양명수 옮김, 한길사, 1997, 160~162쪽.)

37 A. N. Whitehead, #Religion in the making#, (Fordham University Press, 2001), 64쪽.

인다. 반성적 성찰을 통해 자신의 깨달음을 검증한 수운은 이제 자신의 깨달은 바를 전하기 위해 절차와 도법을 정한다. 이를 위해 주문을 짓고, 강령의 법을 짓고, 잊지 않는 글을 지었다고 한다.[38] 그리고 이 과정에서 그의 깨달음을 정리하여 하나의 철학적 명제로 내놓은 것이 '시천주(侍天主)'다. 그러므로 동학의 원형적 핵심 사상은 인내천(人乃天)이 아니라 시천주며, 이 시천주는 경신년 4월 5일에 나온 것은 아니라 1년간의 검증과 성찰의 결과물이다. 이렇게 그의 경신년 신비체험과 시천주의 자각은 시간적인 간격을 두고 있다.

동학은 결국 수운의 시천주의 자각으로 탄생했다. 시천주는 사람은 누구나 자기 안에 거룩한 한울을 모시고 있다는 것이다. 이러한 시천주 사상은 내 몸이 한울님을 모신 성소(聖所)라는 인식과 함께, 모든 사람이 상하귀천에 관계없이 한울님을 모신 신령하고 거룩한 존재라는 인식을 낳았다. 시천주 개념이 정립됨으로

---

38 강령법은 수운 자신이 체험했던 것을 모든 사람들이 다 같이 체험할 수 있게 한 것으로, 그 방법은 강령주문을 본주문과 같이 큰 소리로 읽으면 자신이 체험했던 것처럼 빠른 시일 안에 한울님의 기운 체험을 할 수 있게 한 것이다. 수운 당시에도 강령주문을 같이 읽음으로써 몸이 떨리고 한울님의 말씀을 듣는 체험을 한 제자가 많았다고 한다. (「宣傳官鄭雲龜書啓」, 『承政院日記』; 「慶尙監司徐憲淳狀啓」, 『日省錄』 참조.)

써 비로소 동학은 전통사상, 서학과 차별성을 띠게 되었고 그 고유한 정체성이 완성되었다. 그러므로 시천주가 동학의 핵심이며, 동학을 동학이라고 부를 수 있게 하는 관건이라고 할 수 있다. 이는 종교체험만의 결과가 아니라 종교체험에 대한 객관적 성찰의 결과이다. 또한 고대 이래로 면면히 이어져 온 한국 고유의 사상이나 유불선으로 대표되는 오래된 외래 사상, 그리고 새로운 외래 사상인 서학의 계승적·습합적 종합이면서 그것을 결정적으로 넘어서는 포월(包越)의 결과이기도 하다. 수운은 결정적인 신비체험에 그치지 않고 성찰을 통해서 시천주라는 명제를 개념화해낸 것이다.

그는 이 시천주 사상을 통해 이기심[各自爲心]에 빠진 당시 사람들에게 인간은 이 우주의 절대적 존재와 안팎으로 연결된 존재라는 것, 인간의 참된 삶은 인간의 내면에도 모셔져 있는 거룩하고 신령한 이 절대적 존재, 즉 한울님을 나의 삶의 주체로 모시고 섬기는 것임을 밝혔다. 그것은 외재적인 한울님의 존재를 배제하지 않으면서도 그에게 의존하는 타력적인 신앙에 빠지는 것이 아니라, 인간 스스로의 존엄성과 내면의 거룩함을 회복함으로써 자아실현을 추구하는 길이다. 이것이 유학과도 달라지고 서학과도 달라진 새로운 동학의 길이다.

5. 인식의 차원과 학문방법론

향엄 선사가 말했다. "나무에 올라간 사람이 입으로 가지를 물고 매달렸는데, 두 팔이 묶여서 손으로는 가지를 붙잡지도 못하고 나무줄기에 발을 대지도 못하는데, 나무 아래 지키고 서 있는 사람이, 보리달마가 서쪽에서 온 뜻을 묻는다. 나무에 매달린 사람이 입을 열어 대답하면 떨어져 죽을 것이고, 대답을 하지 않으면 의무를 다하지 못하였기 때문에 죽임을 당한다." 여러분이 그 나무에 매달려 있다면 어떻게 살아날 수 있을까?[39]

이 내용은 불교의 화두집 중의 하나인 『무문관(無門關)』에 나오는 이야기다. 물론 이런 설정은 현실성이 없다. 입으로 가지를 물고 자기의 몸무게를 1초 이상 버틸 사람이 어디 있겠는가? 그러

---

39 이 화두는 본래 『무문관(無門關)』 제5칙에 실려 있는 내용이다. 번역문은 숭산, 『온 세상은 한 송이 꽃-숭산선사 공안집』, 현암사, 2001, 412쪽에서 인용.

나 이 예화는 이럴 수도 없고 저럴 수도 없는 막다른 골목에 내몰린 사람의 상황을 대변한다고 보면 된다. 도저히 빠져나갈 길이 없어 보이는 상황, '예'라고도 '아니오'라고도 답할 수 없는 상황, 형식논리로는 답이 없는 상황이다. 사실 우리 삶은 순간순간 이런 곤란함에 직면한다. 모든 화두가 그렇듯 이 화두에는 딱히 정해진 답이 없다. 그러나 이 화두가 의도하는 것 중의 하나는 이것이냐 저것이냐의 이분법에서 벗어나라는 것이다. 머리로 생각하는 분별에서 벗어나라는 것이다. 우리 삶의 성스러운 진리는 말로 설명될 수 있는 것이 아니라 내면에서 체득되어야 할 그 무엇이다. 공부의 관건은 그 무엇보다도 마음의 본바탕을 깨닫는 것에서 출발해야지, 분별이나 알음알이에 빠져 있어서는 안 된다. 우리 삶의 많은 문제는 이론적인 해결보다 실천적 결단을 요구하는 것이 더 많다. 대상에 대한 객관적 지식에 앞서 자기 자신에 대한 각성과 변화가 먼저 요구되는 상황이 더 많다. 그러므로 우리는 모든 것에 논리의 잣대를 들이대는 태도에서 벗어나 삶을 전혀 다른 관점에서 바라볼 필요가 있다.

이 화두는 또한 삶과 죽음을 이분법적으로 나누는 시각에서 벗어날 것을 요구한다. 삶에 집착하여 죽음을 피하려는 생각으로 이 화두를 대하면 답은 없다. 삶과 죽음을 다른 시각으로 바라볼 때, 그것이 둘이 아니고 하나의 성품자리에 근원해 있다는 것을 온전히 체득할 때, 근본적인 변화가 일어난다는 것이다.

이처럼 세계는 인간의 인식의 차원에 따라서 전혀 다르게 인식되고 경험될 수 있다. 칸트의 『순수이성비판』이나 불교의 유식론(唯識論)을 들먹이지 않더라도 원효의 '일체유심조(一切唯心造)'는 이미 우리에게 익숙하며, 아는 만큼 보인다는 것은 상식이다. 세계는 우리 주관과 무관하게 독립적으로 존재하는 것이 아니다. 설사 주관과 무관하게 존재하는 '물자체'가 있다 하더라도, 우리는 그것의 실체를 다 알 수 없고 단지 우리 주관에 들어온 것만 인식하고 경험할 수 있을 뿐이다. 그래서 존재론은 인식론과 무관하게 성립할 수 없다. 어떤 관심으로, 어떤 방식으로 접근하느냐에 따라 우리는 전혀 다른 세계를 인식하고 경험하기 때문이다.

예를 들어 이론적 관심이냐 실천적 관심이냐에 따라서도 세계를 다르게 보게 된다. 실천적 관심에서 세계를 바라보면 대상 자체의 단순한 사실관계보다는 삶과의 직접적인 관계 속에서 그것이 어떤 작용을 하는지 살피게 된다. 따라서 사물이 나에게 어떤 의미가 있는지를 파악하는 것이 중요하다. 예를 들어 산을 연구 대상으로 삼는다고 할 때, 이론적 관심에서 보면 산의 높이나 둘레, 산에 주로 분포하는 암석의 종류, 서식하는 동식물군 등을 파악하고 나서 산을 알았다고 한다. 그러나 실천적 관심에서 보면 그런 것은 중요하지 않다. 산이 인간에게 어떤 의미가 있는가가 중요하다. 예를 들어 어디에 집을 지으면 좋은지, 어디에 가면 산 딸기와 더덕이 있는지, 비가 올 때 어디로 피하면 되는지, 산에서 겨울을 나는 방법은 무엇인지 등이 더 중요한 관심사가 된다. 산이 나와 분리된 객관 대상이 아니라, 더불어 혹은 깃들어 살아가야 할 무대이다. 따라서 그 속에서 어떻게 잘 살아갈 것인가가 관건이다.

또한 인과적 관계를 중시해서 보느냐 동시적 관계를 중시해서 보느냐에 따라서도 하나의 사건에 대한 결론은 달라진다. 인과적 관계를 중시하는 것은 과거의 원인과 현재의 결과 사이의 직접적 인과관계를, 그리고 질량을 가진 물질의 상호작용을 따지는 것으로 지금까지 과학은 이 인과관계를 가장 중시했다. 반면에 동시적 관계를 중시하는 태도는 현재 두 물체 또는 사건 간에 보이지는 않지만 동시적으로 작용하는 어떤 힘이나 정보가 있어서 영향을 미치는 측면을 살펴보는 것이다. 예를 들어 병의 원인을 찾는 데 서양의학은 그 원인을 외부에서 바이러스가 침투했다든지 하는 직접적인 물질간의 인과관계에서 찾지만 동양의학에서는 외부적인 원인보다는 현재 내 몸의 상태와 조건, 내 몸의 기(氣)의 균형과 조화의 여부에서 찾는다. 서양의학이 그 병근의 직접적 원인을 찾는다면 동양은 그것이 형성될 수 있었던 제반 요인들의 관계를 주변 환경과의 동시적 관계를 통해 찾고 있다고 할 수 있다.

그렇다고 인과적 관계를 중시하는 태도는 서양의 전유물이고 동시적 관계를 중시하는 태도는 동양의 전유물이라는 말은 아니다. 서양의 학자 가운데도 동시적 관계, 즉 동시성에 주목한 경우도 있다. 예를 들어 융(Carl Gustav Jung, 1875~1861)은 아무런 인과론적인 관계도 없지만 그 사이에 같거나 비슷한 의미가 있으며, 또 시간적으로 일치된 상태에서 일어나는 둘이나 그 이상의 사건들을 지칭하기 위해서 '동시성'이라는 단어를 쓰고, 동양적 사유의 많은 부분이 이를 바탕으로 했다고 이해한다.[40]

한편 최근의 과학은 동시성을 우주의 매우 중요한 한 경향으로 주목하고 있다. 예를 들어 스티븐 스트로가츠(Steven Strogatz, 1959~)는『동시성의 과학, 싱크』에서 "서로 동조하는 경향은 우주에서 가장 일반적인 경향이다. 그 이유는 아직 우리가 이해하지 못하고 있지만, 원자에서 동물에 이르기까지, 사람에서 행성에 이

---

40 융, 「동시성에 관하여」, 『원형과 무의식』 융기본저작집 2권, 솔출판사, 2003년 참조.

르기까지 모두 그렇다"[41]라고 하여 동시성에 주목해서 보이지 않는 힘의 실재를 탐구한다. 그는 이 책에서 함께 생활하는 여성들은 1년도 채 되지 않아서 서로의 월경주기가 같아진다든지, 수만 마리의 반딧불이가 동시에 불을 밝힌다든지, 심장의 박동 조절 세포가 동시에 발화함으로써 생명이 유지된다든지 하는 등의 일상에서 일어나는 동조현상을 동시성의 개념으로 설명한다.

감관과 이성, 직관 중에서 어느 것을 더 중시하느냐에 따라서도 삶의 방식이나 학문의 방법은 달라진다. 감각기관을 통한 경험을 더 중시하느냐 이성의 능력을 더 중시하느냐에 따라 서양철학은 경험론과 합리론이 나눠진다. 그러나 서양철학도 경험론과 합리론으로만 설명될 수 없고, 그 밑바닥에는 여전히 보이지 않는 실재와의 교감과 계시를 중시하는 신비주의적 경향이 깔려 있다.[42]

동양철학은 감각이나 이성의 능력보다는 마음의 직관지를 더 중시해 왔다. 예를 들어 불교에서는 인간 내면에 자성청정심(自

41　스티븐 스트로가츠 지음, 조현욱 번역, 『동시성의 과학, 싱크 SYNG』, 김영사, 2005, 22쪽.
42　여기에 대해서는 다음을 보라. 게르하르트 베어 저, 조원규 역, 『유럽의 신비주의』, 도서출판 자작, 2001.

性清淨心)이 있어서 누구나 깨달음을 얻을 수 있다고 한다. 또 노장(老莊)에서는 주객의 분별을 넘어서 대상과의 간격 없는 일체화와 걸림 없는 자유로움의 정신 경계를 소요(逍遙), 자재(自在), 독화(獨化) 등의 용어로 표현했다. 또한 유가에서 맹자의 본심(本心), 양명의 '양지(良知)'설 등은 인간의 마음에 인지적인 기능 외에 선천적 직관지가 있으며, 마음의 본체를 깨닫게 되면 주객 구분 없이 하나로 섞여 들어가는 천인합일(天人合一)의 경지가 있음을 말하고 있다.[43] 이처럼 동양철학은 대상을 나의 주관과 구분하여 감성이나 오성, 이성으로 판단하려고 시도하는 대신, 내 마음의 본체에서 물 자체와 혼연일체 된 상태를 도와 온전히 하나 된 경지로서 추구한다.

최근에는 서양 과학에서도 관찰자가 관찰 대상에 영향을 미친다든지, 직관이 중요한 연구 방법이 될 수 있다든지 하는 이야기가 나오고 있다. 지금까지 주류 과학은 감각으로 경험 가능하고 증명할 수 있는 것만을 실재하는 것으로 인정했지만 최근의 한 흐름은 직관을 중시함으로써 사물에 더 가까이 갈 수 있을 뿐

---

43   여기에 대해서는 다음을 보라. 牟宗三 著,『知的直覺與中國哲學』, 臺灣商務印書館發行, 民國76年.

아니라, 연구 대상과의 교감까지 가능함을 보여준다. 예를 들어 1982년에 옥수수 연구에서 '유전자의 자리바꿈' 현상을 발견해 노벨생리학상을 수상한 맥클린톡(Barbara McClintock)은 대상이 하는 말을 귀 기울여 듣고, 또 나에게 와서 스스로 얘기하도록 마음을 열면 생명체와 교감할 수 있다고 한다.[44]

또한 의식의 수준에 따라서 사람과 사물을 대하는 방식과 태도도 달라진다는 연구 결과도 있다. 인간 정신의 진화에 관한 전문가인 호킨스(David Hawkins)는 인간의 의식 수준의 단계를 1에서 1000까지 측정 가능하게 계량하고 각각의 의식 수준에 있는 사람들이 거리의 '부랑자'를 어떻게 대하는지를 예로 보여줌으로써, 의식 수준에 따라 사람을 대하는 태도가 다르고 세상을 사는 방식이 다르다고 주장한다.[45] 이를 토대로 그는 우리가 삶의 목표로 삼아야 할 것은 의식의 수준을 혁명적으로 높이는 일이라고 역설한다.

이처럼 세계를 바라보는 관점과 경험의 방식의 차이에 따라 전

---

44 여기에 대해서는 다음을 보라. 이블린 폭스 켈러 지음, 김재희 옮김, 『생명의 느낌-유전학자 바바라 매클린톡의 전기』, 양문, 2001.
45 데이비드 호킨스 지음, 이종수 옮김, 『의식혁명』, 한문화, 1997, 224쪽.

혀 다른 삶을 살게 된다면 절대적 진리를 이야기하는 것은 불가능해 보인다. 어떤 진리를 말하기 위해서는 어떤 관점과 차원에서 접근하는지 먼저 밝혀야 한다. 여기에 방법론의 중요성이 있다. 접근하는 방법이나 관점 또는 관심이 다르다면 전혀 다른 내용과 해답이 가능하다. 어떤 차원에서는 틀렸다고 보는 것이 다른 차원에서는 맞을 수도 있고, 어떤 차원에서는 보이지 않던 답이 다른 차원에서는 보이기도 한다. 모순으로 보이는 양립 불가능한 문제도 차원을 고려해서 이해하면 통합 가능하다.

실제 우리 삶은 단순히 옳고 그름의 형식논리와 합리성의 차원에서만 구분하고 판단하기 어려운 복잡한 '주름' 위에 있다. 그래서 실상에 좀 더 가까이 접근하기 위해서는 우선 인식의 차원을 넓혀 선악, 시비, 과학/비과학, 진리/미신, 몸/마음 등, 세상과 존재를 이원론적으로 파악하는 단선적 시각에서 벗어나야 한다. 물론 이원론의 극복이 일원론으로의 회귀를 의미하는 것은 아니다. 오히려 각 현상의 대립적인 면을 있는 그대로 보고 긍정할 때, 또는 그것의 근원을 바라봄으로써 그들이 하나의 뿌리로부터 나왔음을 이해할 때 대립은 자연적으로 해소될 수 있다.

어느덧 서양 학문의 방법론이 지배하는 우리 사회에서, 삶과 세계를 좀 더 통합적으로 이해하고, 보이고 증명 가능한 것만 인정하는 좁은 안목에서 벗어나 보이는 것 너머의 보이지 않는 생명의 실상에 접근하기 위해서, 또 우리의 삶의 지평을 획기적으로 확장하기 위해서 이제 우리의 학문 방법론을 고민할 때다. 이것은 서양 학문의 방법론이 틀렸기 때문에 과거 전통적인 학문 방법론으로 돌아가야 한다는 의미가 아니다. 서양의 학문 방법론을 보완하고 동양의 전통적인 학문 방법론과 통합하는 데서 다시 우리의 학문 방법론을 정립해야 한다는 것이다. 나는 그 가능성을 바로 동학의 '불연기연(不然其然)'을 통해서 찾아보고자 한다.

6. 불연기연, 우리 학문으로서의 가능성

수운의 '불연기연'설은 상당한 숙고의 결과로 나온 것이다. 수운의 주요 저서인 『동경대전』과 『용담유사』에서 '불연기연'은 여러 차례 의도적으로 사용되었을 뿐 아니라, 독립적으로 「불연기연」이라는 글을 썼을 정도로 수운은 이 '불연기연'을 동학의 체계에서 매우 중요한 논리이자 인식 방법으로서 제시하였다.[46] 불연기연은 도의 전체를 통합적으로 인식하기 위한 인식론이자, '아니다·그렇다'의 반대일치의 논리이다.

도의 전체를 통합적으로 봐야 한다는 것은 장자(莊子)의 기본적인 태도이기도 하였다. 장자는 천하가 혼란해진 뒤 도의 전체를 보지 못하고 일면만 보면서 만족하는 당시의 세태를 다음과 같이 한탄하였다.

---

46 「불연기연」은 1863년 12월 10일 체포되기 직전인 11월에 집필한 것으로 알려져 있다. 수운의 마지막 글이라 할 수 있다. 표영삼, 『동학1』, 277-283쪽.

천하가 크게 어지러워진 뒤로는 현인, 성인이 모습을 감추고 도와 덕의 가르침도 하나같이 되지 못하고 천하의 학자는 대개 도의 일단(一端)을 터득하여 그것으로 스스로 만족하고 있다. 비유해서 말한다면 이는 귀나 눈, 코와 입이 각기 그 작용을 가지면서도 서로 통하지 않음과 같고 또 많은 기능자가 모두 특기를 갖고 있어서 때로는 쓸모가 있기도 하지만 그들은 모든 것을 갖추지 못한 채 두루 미치지 못하므로 결국 한쪽에 치우친 학자인 셈이다. 그들은 조화로운 천지의 아름다움을 애써 판별하고 만물에 갖추어진 도리를 억지로 분석한다.[47]

이 이야기는 좁은 전공의 틀에 갇혀 있는 오늘날 학자들에게도 역시 적용할 수 있다. 동양철학에서는 대체로 '도가 이것이다. 진리가 이것이다'라고 적극적으로 정의하거나 체계를 세우지 않지만, 만물이 나온 하나의 근원은 있다고 보았다. 또는 그것의 질서는 있다고 보았다. 그러한 하나의 근원, 질서를 군이 이름하라면 도(道)라고 할 수 있다. 그래서 대부분의 가르침은 그 하나의 도에

---

47 『莊子』「天下」. 번역문은 안동림 역주, 『장자』, 현암사, 2002, 780쪽을 따랐다.

가까이 갈 수 있는 실천적인 방법에 대한 것이라고 할 수 있다.

수운의 동학 역시 마찬가지이다. 그 하나의 도, 천도의 실상을 인식하고 체득할 수 있는 방법으로서 '불연기연'을 내놓은 것이다. 여기서 불연(不然)은 '그렇지 않다'는 의미이므로 '확실하게 또는 정확하게 말하기 어려운 것' 즉 우리의 오감으로 경험할 수 없거나, 사유를 통해 알 수 없는 것을 말하고, 기연(其然)은 '그렇다'는 의미이므로 우리의 오감으로 경험할 수 있거나 생각해보면 추론할 수 있는 것을 말한다. 감각으로 또는 사유와 추론을 통해 알 수 있는 세계는 기연적 세계이고, 감각으로 경험할 수도 없고 증명할 수도 없고 추론해서도 알 수 없는 세계는 불연적 세계라고 할 수 있다.

그런데 대부분의 사람은 기연만 믿고 기연에 의지해서 살아간다. 불연은 알 수도 없고, 굳이 알려고도 하지 않는다. 그러나 우리의 삶과 세계에는 기연보다 불연이 훨씬 더 많다. 안다고 생각한 기연도 조금만 따져보면 알 수 없는 불연인 경우도 많다. 수운의 '불연기연'은 여기서부터 출발한다.

노래하기를 천고의 만물이여, 각각 이룸이 있고 각각 형상이 있도다. 보는 바로 말하면 그렇고 그런듯하나 그 부터 온 바를 헤아리면 멀고도 심히 멀도다. 이 또한 아득한 일이요 헤아리기 어려운 말이로다. 나의 나 된 것을 생각하면 부모가 이에 계시고, 뒤에 뒤 될 것을 생각하면 자손이 저기 있도다. 오는 세상에 견주면 이치가 나의 나 된 것을 생각함에 다름이 없고, 지난 세상에서 찾으면 의심컨대 사람으로서 사람 된 것을 분간키 어렵도다.

아! 이같이 헤아림이여. 그 그러함을 미루어 보면 기연(其然)은 기연이나 그렇지 않음을 찾아서 생각하면 불연(不然)은 불연이라. 왜 그런가. 태고에 천황씨는 어떻게 사람이 되었으며 어떻게 임금이 되었는가. 이 사람의 근본이 없음이여, 어찌 불연이라고 이르지 않겠는가. 세상에 누가 부모 없는 사람이 있겠는가. 그 선조를 상고하면 그렇고 그렇고 또 그런 까닭이니라. 그렇게 세상이 되어서 임금을 내고 스승을 내었으니 임금은 법을 만들고 스승은 예를 가르쳤느니라. 임금은 맨 처음 자리를 전해 준 임금이 없건마는 법강을 어디서 받았으며, 스승은 맨 처음 가르침을 받은 스승이 없건마는 예의를 어디서 본받았을까. 알지 못하고 알지 못할 일이로다. 나면서부터 알아서 그러함인가, 자연히 화해서 그러함인가. 나면서부터 알았다 할지라도 마음은 어두운 가운데 있고, 자연히 화했다 해도 이치는 아득한 사이에

있도다.[48]

　수운은 우리 눈에 보이는 사물도 어디서부터 왔는지 그 근원을 거슬러 올라가면 결국 헤아리기 어려운 불연에 마주치게 된다고 말한다. 우리의 첫 조상이 누군지, 첫 임금은 누구에게 자리를 물려받았는지, 첫 스승은 누구에게서 가르침을 받았는지 등 모든 일의 시초를 물으면 말문이 막힐 수밖에 없다.[49]

　또한 우리가 흔히 접하는 현상의 원인이나 배후를 물어 보면 말문이 막히는 경우에도 불연이 발생한다. 만물이 드러난 현상의 원인을 탐구해 들어갈 때 보이지 않는 숨겨진 질서로서의 불연과 마주치는 것이다.[50] 그 예로 수운은 사계절의 운행, 갓난아기가 어머니를 알아보는 일, 제비가 옛집을 잊지 않고 찾아오는 일, 까마귀가 제 어미를 도로 먹이는 것 등을 들었다. 따라서 수운은 사

48　『東經大全』「不然其然)」. (『동경대전』, 『용담유사』, 『해월신사법설』, 『의암성사법
　　설』의 인용은 특별한 언급이 없는 한 천도교중앙총부 편, 『천도교경전』, 천도교중앙총부
　　출판부, 1997(개정3판)을 저본으로 한다.)

49　『동경대전』「불연기연」.

50　박소정은 이것을 '만물에 깃든 불연'이라고 하여 만물의 시초를 묻는 것과
　　구분하였다, 박소정, 「동학과 도가사상-불연기연의 논리를 중심으로」, 『동
　　학학보』 제5호, 2003.6, 162쪽 참조.

람들이 불연은 알지 못하므로 불연을 말하지 못하고 기연만 알고 믿고 있다고 한탄한다.

무릇 이와 같은 즉 불연은 알지 못하므로 불연을 말하지 못하고, 기연은 알 수 있으므로 이에 기연을 믿는 것이라. 이에 그 끝을 헤아리고 그 근본을 캐어본즉 만물이 만물되고 이치가 이치 된 큰 일이 얼마나 먼 것이냐. 하물며 또한 이 세상 사람이여, 어찌하여 앎이 없는고, 어찌하여 앎이 없는고.[51]

우리 주변에서도 설명할 수 없는 일이 많이 일어난다. 보통사람들은 이 현상의 기연(현상적 측면)만 알고 그것에만 의지해 살 뿐 불연(본질적 측면)을 전혀 이해하지 못한다. 그렇기 때문에 보이는 것만 전부라고 생각하여 하나의 견해에 치우치거나 때로는 미혹된 믿음에 빠지기도 한다. 따라서 우리는 감각이나 추론으로 헤아리기 힘든 불연의 세계가 있음을 인정하고 보이지 않는 힘의 실재에 대해 겸허한 마음을 가질 필요가 있다. 그러기위해 우

---

51 『東經大全』「不然其然」.

선은 기연은 기연으로 불연은 불연으로 인정하는 것이 필요하다. 그러나 수운은 이 불연조차도 영원히 불연으로 끝나는 것이 아니라 기연으로 변할 수 있다고 한다. 기연이 불연일 수도 있듯이, 불연이 기연일 수도 있다고 한다.

> 먼데를 캐어 견주어 생각하면 그렇지 않고 그렇지 않고 또 그렇지 않은 일이요, 조물자에 부쳐 보면 그렇고 그렇고 또 그러한 이치인저.[52]

여기서 조물자를 반드시 인격적 신으로 볼 필요는 없다. 모든 것의 시초, 현상 너머-이면의 초월적 차원을 의미하는 것으로 볼 수도 있다. 그러므로 조물자에 부쳐 본다는 것은 만물의 근원에서 또는 초월적 시선에서 바라본다는 뜻이다. 현상에서의 다양한 차이와 모순, 또 그로 인한 대립과 갈등도 근원적 시선에서 바라보면 화해 가능하다. 수운은 생성의 근원적인 기반에서 세계를 인식할 때 불연 역시 기연이 될 수 있다고 한 것이다. 모든 것이 있는

---

52 『東經大全』「不然其然」.

그대로 이해되는 절대 긍정의 차원을 말하는 것으로 풀이된다.

그러나 수운은 불연적 인식만 중시하고 기연적 인식을 중시하지 않은 것은 아니다. 오히려 마음의 근원에서 불연과 기연을 녹여내 화해시키고 있다. 그는 이 두 차원을 다 살필 수 있어야 한다고 말한다.

> 이 글 보고 저 글 보고 무궁한 그 이치를 불연기연 살펴내어 부야 흥야 비해 보면 글도 역시 무궁하고 말도 역시 무궁이라. 무궁히 살펴내어 무궁히 알았으면 무궁한 이 울 속에 무궁한 내아닌가.(『용담유사』「흥비가」)

이는 경험적·과학적 사유방식을 부정하고 직관적 사유방식만 강조한 것이 아니다. 이 두 가지의 인식 방법을 아우를 때 온전한 진리에 도달할 수 있고, 나아가 '무궁한 나'의 존재 실상을 깨달을 수 있다고 볼 것이다. 더불어 이것은 경험적·이성적 사유와 직관적 사유가 통합·교차된 좀 더 종합적인 시선을 가져야 한다는 의미로도 해석할 수 있다. 여기에 수운의 새로운 인식론, 즉 동서양 사유를 통합할 수 있는 인식론의 가능성이 있다.

또 하나 불연기연은 '아니다·그렇다'의 역설의 논리로 해석할 수 있다. 1920년대 『개벽』지를 창간하고 신문화운동을 주도한 이돈화는 이 '불연기연'을 '반대일치의 논리'로 해석한다. 이돈화는 반대일치의 진리를 설명하면서 "반대일치란 무엇인가? 위치에서 동서남북, 색에서 청황흑백, 질에서 생멸소장, 가치에서 선악화복 등등의 무수한 모순된 상대가 궁극 우주전일적 원리에 일치된다는 것이다."[53]라고 하였다. 그러므로 반대일치의 논리는 우주가운데 모든 반대와 모순이 통일되는 통합의 논리이다. 우리 삶의 온갖 사태는 알고 보면 불연이면서 기연이고, 기연이면서 불연이다. 이분법적으로 뚜렷이 나뉠 수 있는 것이 많지 않다. 그렇기 때문에 대립적이라고 생각했던 두 논의가 사실은 근본에서 다르지 않고 같을 수 있다는 것이다. 이돈화는 그 예를 신(神)의 개념에서 찾고 있다.

신은 만유 안에 들어 있으면서 만유의 밖에 유일무이(唯一無二)의 체(體)로 엄존하고, 극소극미(極小極微) 안에 있으면서 극대극광(極大極廣) 그대로 포용된 영묘 불가사의한 존재인 것을 망각

53 이돈화, 『동학지인생관』, 천도교중앙총부, 1974, 19쪽.

해서는 안 된다. 즉 신은 범신(汎神)이면서 일신(一神)이며 우주
신이면서 인내천신이 되는 소이의 묘법을 대각(大覺)하는 것이
인내천의 신관이다.[54]

이 말은 서양의 일신론과 동양의 범신론이 사실 다른 두 대립
적인 논의가 아니라 같은 이야기일 수 있다는 것이다. 이처럼 이
돈화는 불연기연을 통해 대립적인 이론들은 상호 소통·통합할
수 있다고 본다.

불연기연은 형식 논리와 같이 수평적 차원에서의 논리가 아니
라, 수직적 차원에서의 논리이다. 예를 들면 세 개의 섬은 현상적
으로는 세 개의 각각의 다른 섬이지만, 물이 빠지면 근원에서는
연결되어 있으므로 하나의 땅이라고 할 수 있다. 현상적으로는
다르지만[아니다] 근원적으로는 같다[그렇다]고 할 수 있는 논리를
말한다. 예를 들어 "그는 가난하지만 결코 가난하지 않다." 이런
진술이 형식논리에서는 성립될 수 없지만 불연기연의 논리에서
는 또 다른 의미를 생성하고 있다. "그는 작지만 큰 사람이다"와

---

54 이돈화, 『동학지인생관』, 64쪽.

같은 진술도 마찬가지이다. 또 다른 예로 동학의 한울님은 "인격적 존재가 아니지만, 인간에게 인격적으로 경험되는 존재"이기도 하다. 세상에 존재하는 대부분의 존재나 사태는 일의적으로 규정될 수 없기에 오히려 형식논리보다는 역설의 논리나 불연기연의 논리로 파악될 때 실재에 한 발짝 더 다가갈 수 있다.

이러한 예는 얼마든지 들 수 있다. "나는 보수가 아니지만, 보수이다." "너는 죽지 않았지만, 이미 죽었다", "나는 젊지 않지만, 젊다", "나는 그(녀)를 미워하지만, 사랑한다." 이런 진술도 마찬가지이다. 이처럼 한 존재를 일의적으로 규정하지 않고 근원적으로 또는 통합적으로 바라볼 때 전혀 다른 진술이 동시에 성립할 수 있으며, 오히려 그러할 때 그 존재를 더 깊이 이해하게 된다. 그리고 그 과정에서 발생했던 모순과 갈등, 대립은 저절로 해소된다. 오늘날 진보와 보수와의 갈등, 세대와의 갈등, 남녀간, 빈부간의 갈등들은 현상적이고 형식논리적인 이해와 접근이 아니라 본질적이고 불연기연적인 이해와 접근을 시도할 때 비로소 해법과 출구를 찾을 수 있을 것이다.

불연기연은 드러난 질서의 이면에 숨겨진 차원의 질서가 있어서 겉으로는 모순, 반대되는 현상도 근원에서는 통합되어 있을 수 있다는 것을 말한다. 이는 감각을 통한 경험과 이성적 인식의 차원 외에 다른 인식의 차원이 있을 수 있다는 가능성을 적극적으로 열어둔 것이다. 불연기연은 동양과 서양, 과학과 종교, 이성과 직관, 이론과 실천, 타력적 신앙과 자력적 수행, 인격적 일신(一神)과 비인격신 범신(汎神) 등을 통합적으로 설명하는 토대로서 세상의 다양한 현상을 근원적으로 바라보게 한다. 또한 상호 모순된 이론을 화해시킬 수 있는 신화쟁론으로서 분열과 대립, 양극화로 갈등 빚고 있는 우리 사회를 통합시킬 수 있는 지혜를 제공할 수 있다. 물론 이것을 구체적인 방법론으로 정립하여 학계에 기여하기 위해서는 불연기연에 대한 다각적인 연구뿐만 아니라, 이를 창조적으로 계승하여 새로운 방법론으로 구체화하는 각 학문 종사자들의 노력도 필요하다.

결론적으로 불연기연은 동학 전체의 사유를 이해하는 중요한 기초가 될 뿐 아니라, 합리성에만 기초한 서양의 학문 방법을 보완하고 지평을 넓혀서 전일적인 관점에서 존재와 생명을 바라보게 하는 새로운 인식론이자 논리로서, 그리고 새로운 학문 방법론으로서의 가능성을 지니고 있다고 하겠다.

지금까지의 논의를 통해 동학은 단지 유불선 삼교의 수평적 종합이 아니라, 수운의 종교체험과 그 반성적 성찰을 통한 창조적

통합의 결과임을 살펴보았다. 처음에는 서양 세력의 침략과 국내 정치 질서의 와해에 대한 대응으로서 보국과 안민의 계책을 마련하려는 의도로 시작된 구도(求道)가 결국 전일적인 한울 체험을 통해서 서학마저도 껴안는 천도(天道)를 자각하고, 시천주의 새로운 인간관·세계관으로써 새 시대의 비전을 제시했다는 데 동학의 의의가 있다. 전 세계적인 '죽임'에 대항하는 해답이 자신과 생명에 대한 거룩한 '모심'이라는 보편적인 자각을 이끌어 낸 것이다. 동양의 자연주의적 전통을 바탕으로 하면서도 서양의 유신론적인 전통을 포용하는 동학은 그렇기에 동서고금의 사상과 종교를 아우를 수 있는 학문이라 하겠다.

수운은 '도는 천도이지만 학은 동학'이라고 하였다. 학문은 보편성을 추구하되, 철저하게 자기의 토양에서 자기의 방식으로 추구해야 함을 강조하였다. 이런 주체적인 방법론의 추구가 결국 동학이라는 학을 성립시켰으니, 동학은 오늘날 한국인에게도 여전히 '우리의 길', '우리의 방법론'이라는 화두를 던지고 있다고 하겠다.

제2장

종교를 넘어선
종교

諸君之問道何若是明明也難我
拙文未及於精義正宗然而矯其
人修其身養其才正其心豈可有
歧貳之端乎凡天地无窮之歡道
之無極之理皆戴此書惟我諸君
敬受此書以助聖德於我比之則
況若甘受和白受來吾今樂道不
勝歡歎故論而言之論而示之明
大將禁交遠自撓一身之難嚴自
是由來擺脫世間之紛撓責去胃
海之頹結龍潭古舍家嚴之主席
東都新府惟我之故郷率吏子選
樓之己未之四月是東其運道受
之節庚甲之四月是亦夢寐之事
難狀之言蔡其易卦大定之歡奮
誦三代敬天之理於是乎惟知先
先生之風龜尾之奇峯怪后月城
金鰲之北龍湫之淸潭賢溪古都
馬龍之西圃中桃花恐知漁子之
舟屋前滄波意在太公之釣檻臨
池唐無遽遽溪之志亭號龍潭豈
非慕篤之心難禁歲月之如流哀
臨一日之化仙孫我一命年至二
八何以知之無異童子先考平生

1. 새로운 형이상학의 필요성

'책을 쓰게 된 동기'에서 밝혔듯이 나의 20대는 진리를 찾기 위한 방황과 종교 편력으로 점철되어 있다. 그러나 철학과 동서양 고전, 각 종교의 교리들을 공부하면서 절대적인 진리는 확정될 수 없다는 것을 알게 되었다. 모든 종교적 진리는 그 민족의 신화적 세계관의 반영이며, 그 민족의 고통에 대한 응답이다. 그러나 역설적으로 그것은 여전히 진리다. 오늘날의 우리에게 여전히 '어떻게 사는 것이 더 선한 삶인지, 의미 있는 삶인지'에 대한 실천적 지혜와 가르침을 제공하고 있기 때문이다. 많은 종교가 세계관에서 서로 배치되지만, 우리네 삶의 절실한 문제에 대한 가르침이라는 점에서 상통한다. 불연기연이다. 그렇지 않지만 그러한 것이다. 우리 삶의 문제들은 무 자르듯이 확정될 수 없는 어두운 심연이다. 그래서 불연기연의 지혜가 더욱 절실하다.

그렇지만 지금 세계에는 자기만 옳고, 남은 다 그르다고 여기는 배타적인 논리가 횡행하고 있다. 대립과 분열로 인한 생명 파괴 또한 여전하다. 20세기 100년간 약 2억 명이 전쟁과 내전으로 학살되었다고 한다.[55] 그 어느 세기보다도 이성의 능력이 탁월하게 발휘된 20세기에 지금까지의 역사에서 가장 많은 학살이 자행되었다는 사실은 충격적이다. 지금도 세계 곳곳에서 총성이 멈추지 않고 있다. 이보다 더 심각한 것은 생태계 문제다.

현재 우리가 마주하고 있는 코로나19는 말할 것도 없고 특히 기후위기는 앞으로 지구에서 인류의 생존자체를 불가능하게 만들지도 모를 가장 위협적인 문제이다.

자연을 보호하고 생태계를 보존하기 위해 많은 단체가 활동하고 있지만 생태계 파괴가 개선되기는커녕 점점 심각해지고 있다. 경제 발전에 혈안이 된 각국 정부와 기업, 그리고 지역의 토건업자들은 생태의 보전보다는 개발을 통해 얻는 눈앞의 이익을 우선적으로 고려한다. 개인들도 청빈한 녹색의 삶보다는 소비적이고 화려한 생활에 익숙해져서 은연중에 반(反)생태적인 삶을 지속하는 경우가 많다. 생태계 파괴는 결국 인간의 절제할 줄 모르는 끝없는 욕망의 반영이다.

55 더글러스 러미스 지음, 김종철·이반 옮김, 『경제성장이 안되면 우리는 풍요롭지 못할 것인가』, 녹색평론사, 2005, 33쪽.

경제가 발전해야 풍요롭고 행복한 삶을 누릴 수 있다는 이데 올로기는 허상이다. 더 많이 소유하게 됐지만 그만큼 더 바빠지고 더 각박해졌다. 무한경쟁 속에서 잠시도 한가로울 수 없게 되었다. 지속적인 개발을 위해서는 자연을 더 많이 파괴해야 하고, 시장 수요를 꾸준히 유지하려면 결국 약소국을 착취할 수밖에 없다. 19세기의 제국주의는 산업혁명 이후 증가된 생산에 따른 새로운 시장의 필요에 의해 발생한 것이다. 그것은 아시아·아프리카의 식민통치로 이어져 그곳의 민중들을 형언할 수 없는 고통 속으로 몰아넣었다. 아시아, 아프리카는 그때의 아픔과 상처의 후유증으로 지금까지 신음하고 있다. 또한 제국 간의 충돌은 제1, 2차 대전으로 나타나 엄청난 피의 대가를 치러야 했다. 그러나 이것이 한때의 추억으로 끝난 것이 아니라는 데 문제의 심각성이 있다. 이 모든 것의 근원적 원인은 무엇인가?

생명파괴를 비롯한 수많은 갈등과 불화의 원인을 단지 종교 간, 인종 간, 이데올로기 간의 갈등으로만 치부해 버리는 것은 지나치게 단선적인 이해다. 갈등의 원인은 항상 복합적인데다가 정치적인 문제까지 담고 있다. 또 그 이면에는 언제나 경제적인 이익 추구 문제가 도사리고 있다. 그러나 가장 근본적인 원인은 역시 인간의 탐욕과 무지라고 할 수 있다. 제국주의 역시 인간 탐욕이 국가 차원으로 나타난 것이다. 그리고 이 탐욕의 근원을 찾아 다시 거슬러 올라가면 결국 무지(無知)와 마주친다. 따라서 진리에 대한 무지가 탐욕의 근본적 원인이라고 할 수 있다.[56] 이런 점에서 모든 업의 기초를 무지(無知)와 무명(無明)으로 보는 불교의 견해는 탁월하다. 무지는 마음을 닫고 타인을 배척하며 자기의 영역과 종교 교리에만 안주하게 한다. 인간 존재와 생명에 대한 무지가 소유에 대한 더 강한 집착과 이기적인 욕망을 낳는다. 게다가 진리에 대한 배타적인 신념은 항상 충돌과 폭력을 야기한다.

이런 이기적인 욕망과 무지를 극복하고 삶에서 더 근본적이고 중요한 문제를 바라보게끔 하는 것이 종교의 역할이다. 그런데 지금까지의 종교가 제 역할을 하지 못하고 오히려 성장제일주의를 추구해 왔기 때문에 삶의 위기가 지속적으로 심화되어 왔다고 할 수 있다. 모든 종교는 그 지역 민중들의 가장 긴급한 문제에 대한 해답으로서 나온 것이다. 하지만 종교가 조직을 형성하고 체계를 갖추면서 오히려 권력자의 편에서 지배계층을 옹호하

---

56 여기서 동귀일체는 나와 타자(와 세상만물)는 한울님이라는 절대 존재의 일부, 즉 동일한 존재 근원에서 나온 동등한 존재임을 말하는 것이고, 각자위심은 나와 세계, 나와 한울님의 연관성(동귀일체)을 알지 못하고 분리된 것으로 보며, 내 한 몸만을 위하며(利己心) 살아가는 것을 말한다.

고 정당화하며 민중을 지배하고 통제하는 이데올로기로 전락한 경우도 없지 않다. 그런 과정 속에서 만들어진 교리는 종교 창시자의 가르침의 참뜻과, 또 시대적인 맥락과는 무관하게 '절대적인 진리'로서 인간 위에 군림하기도 했다. 또한 교리의 많은 부분은 여전히 그 민족의 신화적 세계관을 반영하고 있기에 낡은 형이상학과 집단적 착각, 편견에서 벗어나지 못함으로써 과학은 물론 현실적인 삶의 세계와 끊임없이 균열을 일으켜 왔다.

따라서 절대적 진리는 없다 하더라도, 최소한의 지혜로서 '새로운 형이상학'은 필요하다. 길희성은 현대의 정신적 위기는 삶을 떠받치고 있는 형이상학적 기반에 대한 믿음의 붕괴에서 오는 것이라고 하면서 전통시대의 낡은 형이상학을 대체할 수 있는 새로운 형이상학의 필요성을 역설한 바 있다.[57] 물론 더 이상의 형

---

57 길희성 교수는 새로운 형이상학의 조건으로 다음의 7가지를 제시하고 있다. 첫째, 새로운 형이상학은 초월적 실재를 자연이나 일상적 사물 혹은 경험세계와의 존재론적 단절보다는 연대를 강조하는 방향에서 모색해야 한다. 절대와 상대, 신과 세계, 무한과 유한, 영원과 시간, 초월과 내재, 초자연과 자연 등 전통적인 형이상학적 이분법을 극복하고 내재적 초월, 안으로의 초월, 혹은 깊이로의 초월을 모색해야 한다. 둘째, 새로운 형이상학은 인간과 자연, 주관과 객관, 정신과 물질, 영혼과 육체, 이성과 감성, 남성과 여성의 대립적 구도를 넘어서서 양자의 차이를 인정하되 유기적으로 조화시키고 지양하는 통합적 세계관을 구축해야 한다. 셋째, 새로운 형이상학은 사물

이상학은 불가능하다는 입장도 있다. 서양의 근대철학은 데카르트 이래로 의심할 수 없는 진리를 찾기 위한 여정이었으나 결국 완전한 진리, 의심할 수 없는 형이상학적 진리는 확정할 수 없었다. 그렇다고 형이상학을 그만둬야 하는 것인가?

20세기의 분열과 죽임은 낡은 형이상학에의 안주로부터, 반대로 정신적 방황과 소외는 형이상학의 상실로부터 오는 측면도 강하다는 것을 염두에 두어야 한다. 그렇기 때문에 형이상학을 버려서도 안 되고 그렇다고 과거의 형이상학에 안주해서도 안 되는 이중적 과제 상황에 놓여 있다. 이 역시 불연기연이다. 합리성도

을 개체적 실체성보다는 상관성, 상대성, 상보성, 상생성, 상호 개방성 속에서 파악하는 관계론적 형이상학이어야 한다. 넷째, 새로운 형이상학의 궁극적 실재는 변화 저편에 있는 부동의 실재라기보다는 사물들과 함께 움직이고 변하는 유동적 실재로 파악되어야 한다. 다섯째, 새로운 초월론은 경험세계의 차별성을 인정하되 절대화하지는 않으며 사물의 질서를 인정하되 불변하는 것으로 정당화하지 않는 초월론이어야 한다. 여섯째, 새로운 형이상학은 사실과 가치의 괴리를 극복하는 방향을 모색해야 하며, 인간의 자유와 도덕적 책임을 위한 공간을 마련하고 인간의 평등성에 기초한 보편주의적 윤리를 정초할 수 있는 세계관을 제공해야 한다. 일곱째, 새로운 형이상학은 '지식'이라기보다는 사물의 일반적 질서 혹은 궁극적 실재에 대한 통찰 내지 '해석'으로 간주되어야 하며, 다양한 견해를 수용함으로써 자기 수정이 가능한 '가설적' 성격을 띤 것이어야 한다. 새로운 형이상학은 닫힌 독단적 지식이 아니라 열린 성격을 띤 유연한 것이어야 한다. 길희성, 「21세기의 종교, 새로운 영성을 향하여」, 『철학과 현실』, 1997년 가을.

필요하지만, 그것으로 충족시킬 수 없는 인간의 본원적인 문제에 대한 해답 찾기도 지속되어야 한다.

우리나라처럼 이성의 충분한 반성 작업(서구적 근대)을 거치지 않은 나라에서는 사실 이성과 합리성의 추구가 간과할 수 없는 과제이기는 하다. 반면 학교 교육이 서양 학문 위주로 재편되면서 서양 근대가 초래한 부작용 역시 우리 사회에 광범위하게 나타나고 있다. 따라서 이것을 최소화하는 안전장치 역시 확보할 필요가 있다. 이 작업은 1990년대 이후 포스트 담론 책들이 많이 소개되면서 활발히 이루어지고 있다. 그러나 이들의 논의는 서양의 관점에서 나온 결과물로, 그들과 다른 배경을 가진 우리 사회에 그대로 적용되기에는 무리가 있다.

그러므로 나는 그 가능성을 동학에서 찾고자 한다. 이성의 합리성을 버리지 않으면서도 우리 존재의 심연을 회복하는 것, 종교이면서도 종교가 아닌, 불연이면서도 기연인 지혜를 따라 인간이 가야 할 보편적인 길 또는 삶의 기술로서의 학문을 찾아보자는 것이다. 단순한 지식에 그치지 않고 인격과 삶의 양식을 변화시키는 신앙과 수행을 겸비한 '우리 학문', 신앙과 수행을 중시한다는 점에서 종교이긴 하지만 또한 종교를 넘어서는 보편적 인간학의 가능성을 찾아보자는 것이다.

2. 수운이 생각한 우주

수운은 어떤 형이상학적 이론도 구사하지 않았다. 그래서 우주론이라고 할 만한 체계가 있는 것은 아니다. 그럼에도 불구하고 수운의 저서에는 새로운 형이상학의 단초를 발견할 수 있고, 그것이 오늘날에 시사하는 바가 적지 않을 것으로 생각되기에, 비록 수운의 단편적인 언급들을 통해서지만 그가 우주와 신을 어떻게 이해했는지를 살펴보고자 한다. 그에 앞서 수운의 세계관의 기초가 된 성리학의 우주론을 먼저 살펴본다.

동양은 실천이 우선이기 때문에 가장 이론적인 성리학의 이기론(理氣論)조차도 이론적인 관심에서 나왔다기보다는 성인이 되는 공부(수양) 방법론과 심성론을 고민하는 과정에서 탄생한 것으로 봐야 할 것이다.[58] 북송(北宋) 당시 유교는 불교와 도교에 비

---

58 성리학을 비롯한 동양철학은 수양론이 핵심이다. 그런데 지금까지 동양철학은 이런 특징을 잘 드러내기보다는 서양철학에 대해서 우리도 논리적이고

해 그 세력이 약했고, 형이상학의 기반도 약했으며 수행법에 대한 구체적인 이론도 정립하지 못하고 있었다. 그러다 보니 불교의 수행에 경도되는 유학자가 많았다. 주자(朱子)는 이런 문제의식에서 불교에 대항하여 유교의 정통성을 확립하고 유교적 공부 방법론을 확립할 필요가 있다고 생각했다. 이런 고민의 과정에서 불교에 비해 비교적 약한 고리인 우주와 세계에 대한 이론적 설명이 필요하다는 것을 깨닫고, 그때까지의 유학을 망라하고 불교와 도교의 이론체계까지 참고하여 리(理)와 기(氣)를 중심으로 한 우주론적 해석을 진행하게 되었고, 이를 바탕으로 심성론과 수양론을 정립했다.

이렇게 해서 나온 것이 이기론이다. 이기론은 우주와 만물을 '리(理)'와 '기(氣)'라고 하는 두 가지 근원적 실재로 설명하는 형이상학이다. 만물은 리와 기로 구성되어 있고 결국 리와 기로 돌아간다는 것이다. 달리 말하면 만물은 리와 기에 의해서 생성되고 우주의 모든 운행도 리와 기에 의해서 이루어진다는 것이다. 여기서 '리'란 모든 존재의 궁극적 원리로서 만물의 존재 법칙이자

이론적인 학문이 있다는 식으로 연구를 해 왔다. 그러다 보니 사단칠정론 등의 논쟁사 중심으로 철학사를 기술해왔다.

당위의 도덕규범으로서 각각의 물(物)을 그것이게끔 하는 초월적 근거다. 그리고 이 '리'는 개별 사물에도 모두 내재되어 있다고 본다. 리는 특히 인간에게는 인의예지의 성(性)으로 들어와 있어서 인간의 도덕적 본성을 형성한다.[59] 그러므로 인간은 누구나 자기의 타고난 본성을 잘 발현하는 것이 인간으로서 태어난 목적에 가장 부합하는 삶이라고 할 수 있다. 그래서 이것이 인간의 당위가 되는 것이다.

그렇다면 기란 무엇인가? 동양에서는 일체의 사물이 기로 이루어졌으며 기로부터 형성된다고 본다. 기는 우주에 가득 차 있으면서 만물을 형성하는 질료이자 힘으로서 작용한다. 기는 본래(본체) 무형이지만 그것이 모이면 만물이 되고, 흩어지면 본래의 무형의 상태로 되돌아간다. 때문에 기는 만물을 구성하는 궁극적인 질료이자 만물을 생성하는 힘(생성력) 또는 생명 에너지라고 할 수 있다.

만물이 이 기로부터 나오기 때문에 인간의 몸도 기에서 나온

---

59   윤사순, 「유학의 자연철학」, 『조선 유학의 자연철학』, 한국 사상사연구회, 예문서원, 1998; 김형찬, 「理氣-존재와 규범의 기본 개념」, 『조선유학의 개념들』, 한국 사상사연구회, 예문서원, 2002 참조.

것이요, 인간의 정신도 기에서 나온 것이라 할 수 있다. 모든 생명도 마찬가지다. 그러므로 인간의 정신(마음)도 기의 현상일 뿐이다. 인간 몸을 통해서 나오는 기의 한 작용이다. 인간의 몸(물질적 요소)과 마음(정신적 요소)이 하나의 기로부터 나온다는 것은 기가 이미 인간에게 물질과 정신으로 경험될 수 있다는 것을 뜻하며, 나아가 기 자체가 이미 물질성과 정신성을 함유하고 있다는 것을 의미한다. 정신과 물질을 이원적 실체로 보는 서양의 사유와 달리, 기가 실체이고 정신과 물질은 그 기에서 파생되어 나오는 것이다. 이처럼 동양의 기는 물질성과 정신성, 또는 생명까지 아우르는 우주의 근원적 실재이다.

지금까지는 현대 과학으로 인해 동양적 우주론이 열등한 것으로 치부되었으나, 서양과학이 여러 한계점에 부딪히면서 동양적 우주론에 대한 관심이 증가하고 있다. 그중에서 가장 주목받는 것은 이 기를 통해 생명과 물리 현상을 통합적으로 설명할 수 있는 새로운 과학의 가능성이다. 지금까지 기는 볼 수도 없고 측정할 수도 없기 때문에 '기는 실재하는 것인가'라는 의문이 끊이지 않았다. 그러나 서양의 과학혁명이 뉴턴(Isaac Newton)의 만유인력의 법칙을 발견함으로써 시작됐고, 그 만유인력 역시 눈에 보이지 않고 만져질 수 없는 것을 수학화함으로써 가능했다고 볼 때, 이 기를 다룰 수 있는 방식만 알게 된다면 제3의 과학혁명이 가능하다. 그러므로 이기론, 특히 기를 통해 우주와 인간을 통합적으로 이해하는 세계관은 오늘날 입자론적 세계관, 정신·물질의 이원론을 바탕으로 한 세계관의 한계를 극복할 수 있는 가능성을 가지고 있다.[60]

수운은 동학을 창도하기 전에 유학적 소양을 충분히 쌓았기 때문에 당연히 이기론적인 토대를 갖고 있었다. 그러나 수운은 동학을 창도하면서 '리'를 거의 언급하지 않고, '지기(至氣)'라는 말로 우주의 근원을 설명한다. 다시 말해 수운은 우주 만물이 모두 지기로부터 생성된 것으로 본다. 따라서 주자의 '이기이원론(理氣二元論)'보다는 장횡거(張橫渠)나 서화담(徐花潭)의 '기론(氣論)'에 더 가까운 입장으로 보인다.

수운은 이 기의 본체, 아직 구체적인 것으로 형상화되기 이전의 본래의 기를 '지기'라고 명명한다. 수운은 지기의 뜻을 다음과 같이 풀이하고 있다.

---

60 여기에 대해서는 김교빈 · 이정우 · 이현구 · 김시천 지음, 『기학의 모험1-동서양의 철학자, 유배된 氣의 부활을 말하다』, 들녘, 2004를 보라.

지(至)라는 것은 지극한 것이요, 기(氣)라는 것은 허령(虛靈)이 창창(蒼蒼)하여 일에 임하여 간섭하지 않음이 없고, 명령하지 않음이 없는 것으로, 모양이 있는 것 같으나 형상하기 어렵고 들리는 것 같으나 보기는 어려우니, 이 또한 혼원한 한 기운이다.[61]

'허령이 창창'하다는 표현은 비어 있는 듯하지만 영(靈)으로 가득 차 있다는 의미이다. 기를 곧 영으로 보고 있는 것이다. 수운의 지기 개념이 성리학의 기론과 다른 부분은 지기를 단지 만물의 근원으로 설명하는 데 그치지 않고 마치 스스로 어떤 의지를 가지고 주재하고 명령하는 존재로 보는 것이다. 김경재는 "수운의 지기는 일종의 근원적 에너지로서만 그치지 아니하고 신령적 존재로서 인간의 성원(誠願)에 감응한다고 보는 점이 기존의 기론과의 다른 점"[62]이라고 하면서 이것이 전통적인 기론과 달리 동학이 종교로서 성립되는 갈림길이라고 하였다. 이런 측면에서 "지기는 우주를 구성하는 '우주적 질료(Universal stuff)'에 불과한

---

61 『東經大全』「論學文」. "至者, 極焉之爲至. 氣者, 虛靈蒼蒼, 無事不涉, 無事不命, 然而如形而難狀, 如聞而難見, 是亦渾元之一氣也."

62 김경재, 「東學의 神觀」, 『東學思想論叢』제1집, 天道敎中央總部, 1982.

것이 아니라, 신령성, 초월성, 편재성, 정언적 명령성을 다 내포한 궁극적 실재로 이해된다"[63]고 한다. 이는 수운이 지기가 우주에 편재하면서 우주와 인간의 모든 일에 간섭·명령하는 정신적·영적 실재라고 파악하고 있음을 보여준다. 그에게 지기는 단지 우주의 궁극적 실재일 뿐만 아니라, 우주적 원기(元氣)이며, 생명의 근원이자 생성력이며, 동시에 '우주적 영', 곧 '우주정신'이기도 한 것이다.

지기를 궁극적 실재로 생각하게 된 계기는 수운의 경신년 종교체험인 것으로 추정된다.[64] 기운을 느끼고 나자 그의 몸과 마음에 변화가 일어났다. 수운은 이 체험에서 우주의 혼원한 기운이 자신에게 가르침을 주는 신령한 존재라고 느꼈다. 또 이 존재가 우주의 근원적 실재로서 우주의 운행과 만물의 화생을 주관한다고 생각했다. 그래서 그는 "지기금지원위대강(至氣今至願爲大降)"의 기화 체험을 하게 하는 주문을 '강령주문(降靈呪文)'이라고 명명했다.[65] 그에게는 기가 곧 영이었다. 지기를 체험함으로써 한울을

---

63 김경재, 같은 글, 28쪽.

64 신일철, 「동학사상의 도교적 성격 문제」, 『동학사상의 이해』, 사회비평사, 1995, 148, 155쪽.

65 『東經大全』 「降靈·呪文」. 본문의 '지기금지원위대강(至氣今至願爲大降)'은

경험할 수 있으며 한울의 말씀인 강화(降話)의 가르침을 받을 수 있다고 생각한 것이다.

수운은 이처럼 지기를 생성의 근원적 힘에 국한시키지 않고 인간의 성원(誠願)에 감응하는 인격적·신적 실재로 보았다. 따라서 지기와 천주(天主, 한울님)는 둘이 아니다. 여기서 천주는 초월적 유일신, 창조주 하느님을 의미하는 것은 아니다. 수운이 이해한 천주·한울님은 지기 속에 함께 있으면서 인간과 만물을 생성 변화시키는 주체이고, 인간의 내면에 '거룩한 영'으로 내재하면서[內有神靈] 생명과 정신활동을 가능케 하는 님이며, 때로 마음의 간절한 기원에 감응하기도 하는 영성적 실재[靈氣]이다. 이를 서양의 실체·속성 개념으로 구분해 보자면, 천주는 지기의 영적·정신적 속성으로, 지기가 인간에게 어떤 특별한 정신적 계기로서 경험되는 것을 이름만 붙인 것이라고 할 수 있다. 천주가 주재 명령할 수는 있지만 반드시 인격적 실체라고 말할 필요는 없다. 지기의 실재가 이 우주와 인간 안에서 참여(參與)·동역(同役)하는 영적 속성을 의인화하여 존칭한 것으로 이해하면 된다.

'지극한 기운이 지금 저에게 크게 내리기를 간구합니다'라는 뜻이다. 강령에 대해서는 4장 3절 참조.

지기가 신령성, 초월성, 편재성, 정언적 명령성을 가진 존재로 이야기되기에 성리학의 그것처럼 리(理)가 따로 궁극적 실재로서 존재할 필요가 없다. 리는 기와 떨어지지 않고 지기 안에서 통합되어 있다. 리가 담당했던 역할을 천주가 대신하는 체계로 볼 수 있다. 이기를 하나로 보는 것이 수운의 우주론의 특징이며, 따라서 이를 '지기일원론(至氣一元論)'이라 명명할 수 있다.[66]

수운의 우주 이해는 그 체계에서는 성리학의 기론(氣論)과 유사하다고 할 수 있다. 그러나 그 기를 '영적인 실재'로 보는 점에서 차이가 있으며 천주(한울님)를 그 체계 안에 적극적으로 자리매김한다는 점에서, 그리고 그 한울님을 체험할 수 있으며, 또한 적극적으로 공경해야 한다고 하는 점에 그 차별성이 있다고 하겠다. 이렇게 수운의 우주론은 전통적인 이기론의 연장선상에 있지만, 그의 종교체험을 통하여 경험한 천주를 이기론의 체계 속에 포함시킴으로써 서양의 유일신 전통과 동양의 범신론적 전통, 초월성과 내재성, 타력적 신앙 전통과 자력적 수행 전통이 절묘하게 만날 수 있는 가능성을 열어 놓았다고 할 수 있다.

---

66   이돈화, 『신인철학』, 15쪽.

3. 수운이 생각한 신(神)

신의 존재를 증명하려는 많은 논증과 그에 대한 반론이 있다. 그러나 존재 증명에 선행되어야 할 것은 과연 신을 어떻게 정의하느냐의 문제다. 신 개념 정의가 다르면 존재 증명은 아무 의미가 없다. 그렇기 때문에 '신은 존재하는가?'라는 전통적인 물음은 좋은 질문이 아니다. '신은 존재하는가'라는 물음에 이미 '신'이 전제되어 있고 '신이 없다'는 대답에도 신의 관념이 이미 내재해 있다. 그래서 어떤 이는 진정한 의미의 무신론은 없다고도 한다.

무엇보다 문제가 되는 것은 '신은 존재하는가'의 물음에는 서양의 기독교적인 신 관념이 은연중 내포되어 있다는 점이다. 과연 기독교의 신 관념만이 유일하다고 할 수 있을까? 이 또한 서양 중심적 사유다. 각 민족마다 신에 대한 저마다의 관념이 있다. 따라서 신이 존재하느냐의 물음에 앞서 먼저 '네가 생각하는 신은 어떤 신이냐?'라고 물어야 한다. 그런 다음에라야 그런 신이 존재하는지 물을 수 있다. 그러므로 '신은 존재하는가?'라는 물음은 '당신은 신을 어떻게 이해하는가?라는 질문으로 바뀌어야 한다. 많은 경우 개념 정의를 어떻게 하느냐에 따라 존재 증명은 불필요해지기도 한다.

그렇다면 수운의 신 관념은 어떤 것인가? 수운의 신관은 그의 체험이 깊어짐에 따라 몇 차례 변화를 겪는다. 이런 변화에 따른 수운 신관의 중층성 때문에 지금까지 연구자들이 수운의 신관을 명확하게 정리하지 못했다.[67]

수운이 처음 한울님과 문답이 열렸을 때 그가 생각한 신은 다분히 인간의 마음에 감응하고 때로는 가르침도 내리는 인격적 존재였다. 이때까지만 해도 수운은 자신의 직접적인 체험에 기초해서 인격적인 의지를 가진 초월적·절대적 존재를 상정하고 있었다.[68]

---

67 여기에 대한 더 자세한 사항은 김용휘, 「동학 신관의 재검토-수양론적 관점에서 본 신관」, 『동학학보』 9권1호, 2005.6 참고.

68 『용담유사』 「용담가」. "처자 불러 효유하고 이러 그러 지내나니 천은이 망극하여 경신사월 초오일에 글로 어찌 기록하며 말로 어찌 성언할까 만고 없는 무극대도 여몽여각 득도로다. 기장하다 기장하다 이내 운수 기장하다 ᄒ늘님 하신 말씀 개벽 후 오만 년에 네가 또한 첨이로다. 나도 또한 개벽 이후 노이무공 하다가서 너를 만나 성공하니 나도 성공 너도 득의 너희 집안 운수로다." (최동희, 「동학의 신앙대상」, 『아세아연구』 제8권 제2호, 1965, 120쪽 참조)

한울님과 수운의 문답은 1회에 그치지 않고 몇 달 동안 계속되었다고 한다.[69] 거의 매일 한울님과 문답을 주고받은 수운은 마침내 새로운 자각을 하게 된다. 이돈화는 그 계기가 9월 20일에 있었다고 기록하고 있다.[70]

상제 가로되 "아름답도다 너의 뜻이여! 가상하도다 너의 절개여! 너의 공부 이미 지극하고 너의 수련이 이미 도수에 차고 너의 행함이 이미 원만하였으니 내 인제 너에게 무궁무궁의 조화를 내리노라." 하거늘 대신사(大神師, 水雲-필자주) 다시 수심정기(守心正氣)하고 그 이치를 물은대, 상제 가로되 "나의 마음이 곧 너의 마음이니라(吾心卽汝心) 사람으로 어찌 이것을 알리요, 천지는 알되 귀신은 알지 못하였나니 귀신이라 함도 나이니라. 너는 이제 무궁의 도를 받았으니 스스로 수련하고 그 글을 지어 사람을 가르치고 그 법을 바르게 하여 덕을 세상에 편즉 너 또한 장생하여 천하에 소연(昭然)하게 되리라." 하거늘 대신사 이 말을 들은 순간에 갑자기 정신에 새 기운이 돌며 마음에 새 생각이

69 李敦化, 『天道敎創建史』, 15~16쪽.
70 李敦化, 『天道敎創建史』, 14쪽.

일어나다니 이제껏 공중에서 들리던 상제의 말이 대신사의 마음속으로 울려나와 강화(降話)의 교(敎)가 되어가지고 만지장서(滿紙長書)를 내리었다. 스스로 묻고 스스로 대답하여 무궁을 외이고 무궁을 노래하니 천지·일월·성신·초목·금수·인물이 한가지로 그 노래에 화답하여 억천만리 공간이 눈앞에 있고 억천만년의 시간이 눈앞에 있어 먼데도 없고 가까운 데도 없으며 지나간 시간도 없고 오는 시간도 없어 백 천억 무량수의 시간과 공간이 한 조각 마음속에서 배회함을 보았다. 대신사 스스로 기뻐하시고 스스로 즐거워하사 강화로 주문을 외우니 가로되 '시천주영아장생 무궁무궁만사지(侍天主令我長生 無窮無窮萬事知)'이로부터 천사문답(天師問答)은 끊어지고 단순한 강화(降話)로써 무극대도대덕(無極大道大德)의 이치를 발표하고 화답하게 되었다. 그리하여 홀로 수련하여 이것이 확실히 광제창생(廣濟蒼生)의 대도(大道)일까 아닐까를 체험하시다.[71]

수운의 자각이 어떻게 심화되면서 내면화되는지를 잘 보여주

---

72 李敦化, 『天道敎創建史』, 15~16쪽. 인용문은 필자가 현대어로 다소 수정하였다. 같은 내용이 오지영의 『東學史』나 『天道敎書』에도 있음.

는 글이다. 이 기간에 그의 신 관념은 일대 변화를 겪게 된다. 수운은 한울님이 저 옥경대(玉京臺)에 계시는 초월적 존재가 아니라는 것을 인식한다.[72] 그는 한울님이 우리의 의식을 통해 체험할 수 있는 존재이긴 하지만, 특정한 장소에 특별한 형상을 가지고 존재하는 절대자는 아니라는 것을 깨닫는다. 특히 결정적인 자각의 계기가 된 '오심즉여심'[73]의 가르침을 받으면서 한울님은 저 높은 곳에 계신 존재가 아니라 내 몸에 모셔져[侍] 있는 존재라는 것을 확연히 깨닫는다.[74]

수운은 처음에 초월적이고 인격적인 모습의 상제가 존재하여 강화를 주는 것으로 생각했다. 그러나 체험이 깊어지면서 밖에서 들렸다고 생각한 상제의 목소리가 사실은 안에서 울려나온 것이며 자신의 마음에서 들리는 소리였음을 깨닫게 된 것이다. "나는 도시 믿지 말고 한울님을 믿었어라. 네 몸에 모셨으니 사근취원

---

72 『용담유사』「도덕가」. "천상에 상제님이 옥경대에 계시다고 보는 듯이 말을 하니 음양이치 고사하고 허무지설 아닐런가."

73 『東經大全』「論學文」.

74 이 글을 보면,「布德文」에서 처음 영부와 주문을 받는 체험과「論學文」에서 '吾心卽汝心'의 가르침을 받는 체험은 상당한 시일 차이가 있음을 알 수 있다.

(捨近取遠) 하단말가."[75] 이후부터 수운은 한울님을 밖에서 구하지 말고 내 몸에서 구하라고 강조한다. 한울님은 저 천상에서 인간 세계를 주재하는 존재가 아니라 우리 안에 모셔져 있는 존재로, 내면에서 먼저 발견되어야 하는 존재로 인식하게 된 것이다. 이로써 초월적 존재로만 생각했던 한울님이 내재화되어 내 몸에 모셔져 있다는 '시천주'의 개념이 확립되었다.

수운의 신관은 이처럼 중층적이다. 초월적인 모습도 있고, 지기의 기운으로 우주에 편재해 있기도 하며, 내 몸 안에 모셔져 있기도 하다. 그렇다고 신앙의 대상이 바뀐 것은 아니다. 단지 신에 대한 이해가 심화된 것일 뿐이다. 신 이해의 변화는 자연스럽게 관계의 변화로 이어진다. 그러므로 신앙 방법 또는 수행 방법에 변화가 생기는 것은 당연하다. 수운은 처음에 한울을 인격적인 존재로 이해했지만 체험을 통해 천주를 초월적 인격체로 보는 고정관념에서 벗어났다. 대신 신을 내면에 모셔져 있는 영[內有神靈]으로 이해하게 된다. 수운의 체험의 질이 고양됨에 따라 한울에 대한 인식도 심화되었고, 결국 내 안에 모시고 있는 내유신령

---

75 『용담유사』「교훈가」.

으로서의 한울을 먼저 섬기는 시천주의 신앙과 실천을 강조하면서 동학을 성립하게 되었다.

그렇다면 수운의 한울님은 전적으로 내재적 신으로 바뀌어 버리고 외재적이고 초월적인 존재는 부정된 것인가? 결론부터 말하면 그렇지 않다. 안에 들어와 있다고 해서 밖에 없다고 할 수 없다. 안에도 존재하고 밖에도 존재한다. 한울 속에 내가 있고, 내 속에 한울이 있다. 밖에 있는 지기의 기운은 나의 몸을 만들었고 끊임없는 기화 작용을 통해 나의 몸과 교감을 함으로써 나의 생명을 유지시킨다. 내 안의 한울은 나의 정신활동을 가능하게 하며, 특별한 계기에서는 가르침을 내리는 영으로서 내유한다.

영이라고 해서 내 안에 어떤 인격적·의지적 존재가 따로 들어와 있는 것으로 이해할 필요는 없다. 지기가 나의 생명을 낳고 그 안에서 생명 활동과 정신 활동을 일으키게 되는데, 이 정신 활동을 가능하게 하는 지기의 영묘한 활동성을 영(靈)이라고 보면 된다. 그리고 그 영의 활동에 의해 때로 자신의 지적 범위를 넘어서 초월적인 지기와 만나 동조되는 현상이 일어날 수 있다. 이것을 종교체험 또는 신비체험이라고 한다. 그러므로 종교체험은 '기의 동조현상'이라고 할 수 있다. 파의 경우도 그렇듯이 같은 기운은 동조현상을 일으킨다. 정신 역시 기운의 하나이기에 정신의 주파수가 같으면 역시 동조를 일으킨다. 종교체험을 바깥의 특정한 영적 실체가 들어온 것으로 이해할 필요는 없다. 나의 정신이 특수한 계기를 통해 어떤 기운을 접할 경우 영적인 체험이 가능하다. 그렇기 때문에 이를 기운의 동조현상과 다르지 않다고 하는 것이다.

기운 역시 정신(정보)을 가지고 있기 때문에 그것과 동조가 되면 보이고 들릴 수 있다. 이때 보고 들은 내용은 실제로 의미 있는 내용을 담고 있는 경우도 적지 않다. 그러므로 종교현상은 흔히 심리학에서 주장하듯이 단지 인간의 주관 안에서 체험되는 환상, 무의식의 어떤 표상만으로는 다 설명되지 않는다. 나 안의 기운과 밖의 어떤 기운과의 감응작용에 의해 일어나는 것이다.

그런데 여기서 유의할 점은 영이라는 개별적 실체가 있어서 들어오는 것이 아니라는 것이다. 유일한 실재는 지기이지만 이 지기의 정신적 속성이 때때로 인간의 정신과 동조되어 나타날 수 있다. 그리고 그 현상은 그 사람의 세계관과 '선이해'에 따라 달라진다.[76] 이렇게 본다면 우주에는 여러 영적인 실체가 있다거나 유

---

76 신비체험이나 선이해를 중시하는 학자는 캇츠이다. 캇츠는 신비체험에 있어서 체험과 자신이 가지고 있는 선이해가 신비체험의 내용을 규정할 수

일한 영적인 실체가 있다는 무익한 논쟁보다는 '지기의 정신적 속성이 인간이라는 정신 안에서 다양하게 경험된다'라고 표현하는 것이 더 생산적일 것이다.

이를 미루어 생각해 보면 귀신 역시 따로 존재하는 것이 아니다. 물론 귀신 현상은 일어날 수 있다. 동양철학을 이해하려면 실체는 없지만 현상은 있을 수 있다는 것을 이해해야 한다. 마치 '비'라는 것이 구름에서 물이 생겨 떨어지는 현상을 가리키는 말이지 '비'라는 실체가 있어 내리는 게 아닌 것처럼 말이다. 마찬가지로 영이라는 실체가 따로 있어서 종교체험이 일어나는 것이 아니다. 그래서 수운은 한울로부터 '귀신도 나다'라는 파격적인 이야기를 듣는다.

> 내 마음이 곧 너의 마음이니라(吾心即汝心). 사람이 어찌 이것을 알리오. 천지는 알되 귀신은 알지 못하였나니, 귀신이라 하는 것도 나이니라.[77]

있을 만큼 중요한 역할을 한다고 강조한다.(Katz. s. t., My Sticism & Religious Traditions, Oxford:Oxford University Press, 1983)

77 『東經大全』「論學文」. "曰:'吾心卽汝心也. 人何知之! 知天地而無知鬼神, 鬼神者吾也, 及汝無窮無窮之道, 修而煉之, 制其文教人, 正其法布德, 則令汝長

이 가르침은 수운의 경신년 체험에서 최종적인 가르침으로 알려져 있다. 수운은 이 가르침을 받음으로써 완전한 자각을 이루게 되었던 자각의 종국, 완결에 이른 것으로 보인다. 앞부분 '오심즉여심'은 수운의 마음이 한울 마음과 하나로 합일되는 경지에 이르렀다는 의미로 해석할 수도 있고, 본래 인간의 마음이 곧 한울의 마음이라는 의미로도 해석할 수 있다.

여기서 '귀신이라는 것도 나다(鬼神者吾也)'라는 표현이 묘미인데, 여기에 정신 세계의 비밀이 숨겨져 있다고 해도 과언이 아니다. 이 말은 귀신이 따로 존재하는 것이 아니라 우주는 하나의 기운이며 하나의 영일 뿐이라는 것을 천명한 것으로 봐야 한다. 하나라고 하지만 깨닫지 못한 사람에게는 자기의 주관이라는 렌즈와 필름을 거치면서 여러 다른 실체로 형상화되기도 한다. 흔히 무속인들이 산신도 있고 용왕신도 있다고 하지만 실제로 그 실체가 있어서 나타나는 것은 아니다. 하지만 앞에서 언급했듯이 다만 영적인 주파수가 맞아서 작용이 일어난 것이다. 실체가 있어서 작용한 것이 아니고 하나의 주파수 작용과 같은 것이기에 그

生, 昭然于天下矣.'"

이치를 분명히 알면 나의 주파수를 바꿈으로써 그런 영적 현상을 그치게도 할 수 있는 것이다.

수운은 경험적인 측면에서 신(천주) 체험을, 지극한 기운을 접하는 것으로 이해한다. 천주가 어떤 존재인지는 말하고 있지 않다. 신 체험은 그의 체험 안에서 기접(氣接)과 함께 왔다는 것을 보여줄 뿐이다. 인식론적으로는 알 수 없지만, 종교적 경험은 가능하다는 것이다. 그것은 기운 체험의 한 형식이다.

이렇게 본다면 천주 즉 신은 지기의 정신적 속성의 최고 양태"라고 할 수 있을 것이다. 이 말은 지기에는 여러 정신적 속성이 있는데, 그중에서 최고 정신, 즉 우주정신으로 인간에게 현현한다는 의미이다. 물론 이것은 천주에 대한 존재론적 증명이 아니다. 천주를 지기를 통해서 정의한 것에 불과하다. 그러므로 천주가 따로 실체를 가지고 있다고 말할 필요는 없다. 물론 아니라고 강변할 필요도 없다. 이 역시 '아니다·그렇다'(불연기연)이다. 우리의 관심은 천주가 실체로 존재하는가 여부가 아니고, 그것이 어떻게 인간 정신 안에서 경험 가능한가에 있다. 그런데 만약 천주를 지기의 정신적 속성의 최고 양태라고 정의한다면 '천주 체험'은 정신의 동조현상에 의해 설명할 수 있을 것이다. 천주·한울은 규정할 수 있는 실체로서 존재하는 것은 아니지만 경험 가능하며, 때로 나의 간구함에 감응하는 존재이다. 그러나 그 경험 역시 나의 주관의 인식 틀에 좌우되며 일정하지 않다는 것에 다시 한번 유의해야 한다.

4. 불택선악의 한울님

여기서 짚고 넘어가야 할 것이 악(惡)의 문제다. 신 존재 증명
과 관련된 가장 큰 골칫거리가 바로 이 악의 문제다. 악의 존재가
신의 전지전능함에 배치되기 때문이다.

동학에서는 현실적 악의 존재는 인정하지만, 악의 존재가 신
존재와 모순되지 않는다고 본다. 수운은 한울님은 '불택선악(不擇
善惡)'한다고 하여 선악의 문제는 인간의 선택에 달린 것이지 신
에 속한 것이 아니라고 본다. 수운은 다음과 같이 말한다.

> 사람의 수족 동정 이는 역시 귀신이오, 선악간(善惡間) 마음 용사
> (用事) 이는 역시 기운이오, 말하고 웃는 것은 이는 역시 조화로
> 세. 그러나 ᄒᆞᄂᆞᆯ님은 지공무사(至公無私) 하신 마음, 불택선악(不

擇善惡) 하시나니···."[78]

문기를 "도를 배반하고 돌아가는 자는 어째서입니까." 대답하
기를 "이런 사람은 족히 거론하지 않느니라." 문기를 "어찌하여
거론하지 않습니까." 대답하기를 "공경하되 멀리할 것이니라."
문기를 "입도할 때 마음은 무슨 마음이었으며 도를 배반할 때
의 마음은 무슨 마음입니까." 대답하기를 "바람 앞의 풀과 같은
것이니라." 문기를 "그렇다면 어찌 강령이 됩니까." 대답하기를
"한울님은 선악을 가리지 않기[不擇善惡] 때문이니라."[79]

수운은 이처럼 '불택선악'이라는 표현을 여러 번 사용하였다.
이는 그가 불택선악을 매우 중요한 개념으로 파악하고 있다는 것
을 의미한다. 물론 이 구절은 일차적으로 공평하고 사사로움이
없는[至公無私] 한울에 대한 표현일 것이다. 지공무사하기 때문에
그 사람의 선악에 관계없이 한울이 간섭함으로써 생명이 유지되

---

78 『용담유사』「도덕가」.

79 『동경대전』「논학문」, "曰:反道而歸者何也?曰:斯人者不足擧論也. 曰:胡不擧
論也? 曰:敬而遠之. 曰:前何心而後何心也? 曰:草上之風也. 曰:然則何以降靈
也? 曰:不擇善惡也."

고 손발을 움직일 수 있다(手足動靜)는 의미이다. 그러나 이러한 불택선악의 관념은 결과적으로 기존의 신관과는 매우 다른 신 관념을 가능하게 한다. 일반적인 신 관념에 따르면 신은 선한 자에게는 복을 주고, 악한 자에게는 화를 내리는 존재다. 그리고 인간의 모든 역사에 적극적인 의지를 가지고 간섭하고 주재하며 개입하는 존재로 보았다. 그렇기 때문에 때때로 인간이 이해할 수 없는 재난을 당했을 때 '과연 신은 존재하는가?'라는 물음을 던져 왔던 것이다.

그러나 수운의 한울님 관념에서 불택선악은 이런 물음을 불식시킨다. 한울의 간섭과 감응은 어디까지나 인간의 간구함에 따라서만 행해지는 것이지 그 자체 의지로서 임의로 행해지는 것이 아니다. 감응하는 기운과 존재는 있지만 그 선악과 길흉의 방향성은 인간에게 달린 것이다.

수운이 이해하는 한울님은 적극적으로 선을 명령하고 그 결과에 따라 상벌을 내리는 존재라기보다는 인간이 선택하면 그것을 이루어주는 존재이다. 이 경우 선(善)과 악(惡), 성(盛)하고 쇠(衰)하는 것은 전적으로 인간에게 달렸다. 선택은 내가 하고 한울은 그 선택에 따른 결과만을 우리의 삶으로써 보여줄 뿐이다. 물론 모든 선택이 곧바로 응답되는 것은 아니다. 선택은 지속성과 일정 이상의 강도를 충족시켜야 한다. 마치 돋보기로 초점을 맞추는 것과 같다. 그것을 흔히 '정성'이라고 한다.

이렇게 수운이 이해한 한울님은 자의적으로 인간사에 간섭하는 존재가 아니라, 모든 것을 자연한 이치와 인간의 의지(마음)에 내맡기는 '불택선악의 한울님'이다. 그러므로 어떤 삶을 살 것인가는 인간 자신에게 달린 것이지 운명에 좌우되는 것이 아니다. 불택선악은 인간의 주체적이고 창조적인 가능성을 적극 지지하고 인간이 삶과 운명의 주인이 되어야 한다고 말한다. 또한 도덕적 실천과 역사의 창조는 신의 심판이나 의지에 의해서가 아니라, 인간의 의지와 노력으로 만들어 가야 한다고 말한다. 여기에서 동학의 인본주의적 특성이 잘 드러난다고 하겠다.

5. 천도와 무위이화

수운은 경신년 체험을 통해서 '무극대도'를 깨달았다고 자부했다. 여기서 '무극대도'는 '다함이 없는 큰 도'라는 뜻으로 궁극적 실재이자 영원한 진리인 도를 깨달았다는 뜻이다. 수운은 이를 '천도(天道)'라고도 표현했다.

사방의 어진 선비들이 나에게 묻기를 "지금 하늘의 영(天靈)이 선생님께 강림하였다 하니 어찌된 일입니까?" 대답하기를, "가고 돌아오지 않음이 없는 이치를 받은 것이니라." 묻기를, "그러면 무슨 도라고 이름합니까?" 대답하기를, "천도(天道)이니라."[80]

제자들의 질문에 자신이 깨달은 도는 다름 아닌 '천도'라고 했

---

80 『동경대전』「논학문」. "四方賢士 進我而問曰 今天靈降臨先生 何爲其然也 曰受其無往不復之理 曰然則何道以名之 曰天道也."

다. 원래 중국 한대(漢代)에 와서 육가(六家)로 학문이 명확히 구분되기 전에 고대 동양의 성현들이 공히 추구한 것이 천도였다. 수운은 「포덕문」에서 다음과 같이 읊었다.

다섯 임금 이후로 성인이 나시어 우주의 운행과 천지의 도수를 글로 적어, 천도(天道)의 불변의 법칙을 밝히시니, 일상에서의 모든 움직임과 삶의 모든 성패를 하늘의 뜻을 살펴 행하였도다. 이는 하늘의 뜻을 공경하고 하늘의 이치에 따른 것이니라.

그러므로 사람은 군자가 되고, 학은 도덕을 이루었으니, 도는 바로 천도(天道)요, 덕은 바로 천덕(天德)이라. 그 도를 밝히고 그 덕을 닦음으로 군자가 되어 지극한 성인에까지 이르렀으니 어찌 부러워 감탄하지 않겠는가. 그러나 이 근래에 오면서 세상 사람들이 모두 자기밖에 모르는 이기심(각자위심)에 빠져 하늘의 이치를 순종치 아니하고 하늘의 뜻을 살피지 아니하므로 마음이 항상 두려워 어찌할 바를 알지 못하였더라.[81]

---

81 『동경대전』「포덕문」. "自五帝之後 聖人以生 日月星辰 天地度數 成出文卷 而以定天道之常然 一動一靜一盛 一敗 付之於天命 是敬天命而順天理者也 故 人成君子 學成道德 道則天道 德則天德 明其道而修其德 故 乃成君子 至於 至聖 豈不欽歎哉 又此挽近以來 一世之人 各自爲心 不順天理 不顧天命 心常

고대 성인들이 추구한 것이 천도였는데, 시간이 흐르면서 그 기풍을 잃어버렸다고 한탄하는 것이다. 천도는 말 그대로 하늘의 길, 대자연의 법칙을 일컫는다. 요즘 말로 하자면 우주의 운행 원리, 만물 생성의 이치를 말한다. 고대 현자들은 우주의 운행 원리로서 천도를 깨달아 그것을 자신의 인격과 삶에서, 그리고 사회 속에서 구현하고자 했다. 도를 체득한 사람이 얻게 된 내면의 힘, 또는 그것을 삶에서 구현하는 것을 '덕(德)'이라고 한다. 그래서 고대 성현들은 모두 도와 덕을 추구하였으며, 덕 있는 사람이 되는 것을 삶의 목적이자 학문의 목적으로 삼았다. 세상에 도가 실현되고 덕이 온 천하에 퍼지는 것[布德天下]을 꿈꾼 것이다. 수운의 동경대전 첫 번째 글이 「덕을 펴는 글[布德文]」인 것은 우연이 아니다.

그런데 도(道)는 우주 운행의 법칙임과 동시에 형이상학적 본체이기도 하므로 말과 글로 온전히 표현될 수 없다. 표현된 글은 늘 도의 궁극적 의미와 그 전체에 다가가지 못하고 미끄러질 수밖에 없다. 하지만 도를 깨달은 현자는 부득이 후학들을 가르치

悚然 莫知所向矣."

기 위해서 말과 글을 남기지 않을 수 없었다. 그것이 학(學)이 되었다. 천도가 유불선의 학으로 표현되고 설명된 것이다. 학은 물론 도를 담고는 있지만 도의 그림자만을 담을 수 있을 뿐이다. 마치 달을 가리키는 손가락과 같다. 처음 그 학을 세운 사람은 도를 알고 글을 남겨 후학을 가르쳤지만 시간이 지날수록 도는 잊혀지고 글만 남았다. 이후 학자들은 그 그림자만 보고 서로 지식을 다투었다. 달을 가리키는 손가락만 보고 서로 자기가 본 것이 옳다고 다툰 격이다. 그런 세월이 다시 오래 지속되었다. 조선오백년을 그런 측면에서 도의 그림자만 쫓던 세월이었다고 할 수 있다.

그런데 수운은 오랜 구도수행을 통해 그 '천도(天道)'를 다시 보았다. 그러니 얼마나 감격했겠는가? 그래서 "천은이 망극하여 경신 사월 초오일에 글로 어찌 기록하며 말로 어찌 성언할까 만고 없는 무극대도 여몽여각 득도로다 기장하다 기장하다 이내 운수 기장하다"라고 감격에 겨운 노래를 불렀다. 수운은 고대 동아시아 성현들이 깨달아 폈지만 그 후로 오랫동안 잃어버린 천도를 다시 조선 땅에서 회복함으로써 학문을 바로 세우고 도탄에 빠진 나라와 백성을 구제하려고 동학을 창도하였던 것이다.

그렇다면 수운이 깨달아 다시 펴고자 했던 그 천도의 내용은 무엇인가? 그는 천도를 '원형이정(元亨利貞)'이라고도 하고, '무왕불복지리(無往不復之理, 가서 돌아오지 않음이 없는 이치)'라고도 했다. 원형이정은 주역에 나오는 말로 봄·여름·가을·겨울의 덕을 의미한다. 역시 사계절로 대표되는 우주의 운행 원리를 표현한 말이다. 그래서 무왕불복지리, 가서 돌아오지 않음이 없는 순환 지리로도 풀이하였다. 그리고 그것을 자연한 이치, 무위이화라고도 하였다. 여기서 '무위이화(無爲而化)'라는 개념이 매우 중요하다. 수운은 이 '무위이화'라는 용어를 천도를 표현하는 용어로써 여러 번 사용하였다.

> "우리 도는 무위이화라. 그 마음을 지키고 그 기운을 바르게 하고 그 성품을 거느리고 그 가르침을 받으면, 자연한 가운데 화해 나는 것이요…"[82]

'무위이화'는 천지의 운행과 만물의 생성, 일용행사의 모든 작용이 자연한 법칙에 의해 이루어진다는 뜻이다. 이 무위이화 개념은 천지의 운행과 생명 활동이 이 자연을 초월해서 절대적인

---

82 『동경대전』「논학문」, "曰吾道無爲而化矣 守其心正其氣 率其性受其敎 化出於自然之中也."

주재의 힘을 지닌 인격신이 좌우하는 것이 아니라 스스로의 원리와 기운에 의해 작동된다는 것을 표지한다. 창조와 생성이 외부에 있는 어떤 초월적 존재에 의한 것이 아니라 자재(自在)한 원리와 힘에 의해 그렇게 되어 나온다는 뜻이다. 이는 서학의 신 개념이 초자연적 창조주 인격신으로 상정된 것과는 판이하다. 그렇다고 신의 존재를 부정하는 것은 아니다. 동학은 수운의 한울님 체험에서 출발한 종교이기도 하다. 다만 수운의 신(한울님) 개념은 앞에서 논했듯이 초자연적인 창조주가 아니고, 우주적인 기운으로서의 지기(至氣)이자 우주에 내재한 그리고 무엇보다도 인간에게 내재한 영(靈)이다. 우주의 내재적인 창조성의 원리이자 우주정신, 우주생명, 우주영혼과 같은 존재이다.[83]

초자연적인 존재가 아니라는 점에서 기독교의 신관과도 다르지만, 신의 존재를 인정한다는 점에서 노자의 '무위자연'과도 다

---

83 기독교의 신 개념은 초월성이 강조됨으로써 늘 악(惡)의 문제와 같은 신학적 어려움에 직면한다. 그리고 인간은 하나의 피조물로 취급됨으로써 인간의 주체성이 약화되고, 이분법적 사유를 탈피하기가 어렵다. 하지만 신을 내재적 창조성의 원리로 해석하면 이런 문제가 해소되면서 동양의 범신론적 사유와 만날 수 있다. 때문에 20세기 기독교 신학은 바로 이런 내재성에 주목하였다. 또한 기독교 안에서도 신비주의적 전통은 이런 동학의 사유와 만날 수 있다.

르다. 노자의 도 개념에는 인간의 성원에 감응하는 영적 실재 같은 개념은 없다. 그래서 노자에는 우주적 원리를 체득한 현자의 걸림 없는 자유의 정신은 있지만 하늘에 대한 경외지심 같은 것이 부족하다.

수운은 천도를 깨닫고 그 천도의 작동 방식이 '무위이화'의 자연한 운행 원리에 의한다는 것을 깨달음으로써 우주의 창조와 주재의 힘을 신의 권능으로 돌리지 않고 우주 기운(至氣)의 자율적 창조로 설명할 수 있었고, 그렇기 때문에 그 창조의 힘을 깨달은 성인의 권능을 구가할 수 있었다. 수운은 '무위이화'를 자각함으로써 신의 존재를 상정하면서도 신 중심적인 형이상학이 아닌 자율적 창조로서의 우주적 법칙과 인간 중심의 도덕 형이상학을 구축할 수 있었던 것이다. 그리고 그는 무위이화를 자각한 사람은 우주 운행의 자연한 법칙에 따라 조화로운 삶을 살며, 일의 핵심을 알아서 결단하고, 마음이 굳건해져서 바깥의 경계에 흔들리지 않는 성인이 될 수 있다고 보았다. 왜냐하면 무위이화란 창조성의 원리이자 만물 생성의 원리이기 때문에 이를 터득한 사람은 한가로운 가운데서도 억지로 힘쓰지 않아도 좋은 결과를 얻을 수 있기 때문이다. 그래서 해월은 "무위이화는 사람이 만물과 더불어 천도천리에 순응하는 우주만유의 참된 모습"이라고도 했다.

이처럼 수운은 이 천도(天道)의 자각을 통해 천지와 더불어 만물의 생성에 자각적·능동적·창조적으로 같이 참여하는 것(同事, 同役)이 인간의 길(人道)이라고 밝힌 것이다. 이것은 유가(儒家), 특히 『중용』이 제시한 인격의 최고 이상이기도 하다. 요컨대 그는 우주적 기운이 운행하는 자연한 이치를 밝히고 이 이치와 기운을 창조적으로 활용할 수 있는 우주적 주체로서 거듭났다는 자부심에서 천도를 깨달았다고 확신했으며, 때문에 자신의 도를 '다함이 없는 큰 도(無極大道)'라고 하였던 것이다.

6. '모심'의 의미

　수운 선생은 '무위이화'를 자각함으로써, 신의 존재를 상정하면서도 신 중심적인 형이상학에 기울어지지 않고 자율적 창조로서의 우주적 법칙과 인간 중심의 도덕 형이상학을 구축할 수 있었다. 무위이화가 '우주와 신'에 대한 수운의 형이상학적 답변이라면, 인간과 생명에 대한 답변이 그의 핵심 깨달음인 '시천주'다.

　시천주는 모든 사람 안에 신성한 한울이 모셔져 있다는 의미이다. 시(侍)는 '모심'을 의미하며, 천(天)은 한울인데 영과 기로서 존재하는 우주에 내재한 궁극 실재이며, 주(主)는 존칭어이다. 수운은 다시 이 '시(侍, 모심)'를 세 국면, 즉 '내유신령(內有神靈)', '외유기화(外有氣化)', '각지불이(各知不移)'로 풀이한다.

　　'시'라는 것은, 안으로 거룩한 영이 있다는 것이요, 밖으로 기운의 화함이 있다는 것이니, 온 세상 사람들이 각각 옮길 수 없음

을 아는 것이다.[84]

　'내유신령'은 내 안에 한울의 거룩한 영이 내재한다는 뜻이다. 물론 우리는 현실적으로 이기적이고 욕망하는 존재다. 하지만 내 안에는 나의 자아(ego) 외에 더 깊은 '초월적 차원'도 있다. 그 존재를 동학에선 '영'이라 하고, '한울님'이라 하지만, 뭐라고 불러도 상관없다. '내면의 빛'이라고 해도 되고, '아트만'이라고 해도 되고, '불성'이라고 해도 되고, '참나'라고 해도 된다. 더 깊은 차원이 나의 본성으로서 있다는 점에선 상통한다.[85] 다만 그 본성을 영적 실재라고 보는 점, 그리고 그 영이 본래 우주적 영으로부터 왔다고 보는 점에서 약간의 차이가 있다고 하겠다.

　'외유기화'는 우리 모두는 한울의 기운 안에서 그 기운을 받으

84　『동경대전』「논학문」, "侍者 內有神靈 外有氣化 一世之人 各知不移者也."

85　현대의 탁월한 영성가인 켄 윌버(Ken Wilber)는 또 한 사람의 영적지도자인 프란시스라는 여성을 소개하는 글에서 "이미 각자에게 존재하지만 아마도 밝게 빛나지 않고, 이미 각자에게 주어져 있지만 제대로 알아차리지 못하고 있으며, 이미 세상을 돌보고 있지만 그 모든 시련들 속에서 어쩌면 잊혀졌을 그러한 신성의 산파가 되는 것, 신성을 향한 바로 이 열려 있음을 프란시스는 우리에게 가르치고 있다"며 영적이고 자아 초월적인 존재에 대한 느낌이 우리를 들어 올리며, 영원한 신성의 손에 이르게 하고 자신으로부터 해방시킨다고 했다. (켄 윌버, 『켄 윌버의 일기』, 학지사, 2010, 14쪽)

면서 살고 있다는 것이다. 우리는 단지 자연이라고 하는 텅 빈 물리적인 공간 안에 살고 있는 것이 아니라 신성함으로 충만한 우주적 생명 에너지 속에 살고 있으며, 그 기운 속에 뭇 생명들은 서로 연결되어 있다는 것이다. 그러므로 인간은 고립된 원자적 존재가 아니라 우주적 기운 안에 서로 연결되어 있는 유기적 생명이다.

'모심'의 세 번째 의미인 '각지불이(各知不移)'는 '각자가 옮길 수 없음을 안다'는 뜻이므로, 하늘의 영기와 분리되어 살 수 없음을 각자가 알아서 그에 합치된 삶을 살라는 것으로 이해된다. 또는 다른 존재로 옮길 수 없는 자기만의 독특성, 고유한 주체성을 깨달으라는 의미로 해석될 수도 있다.

그런데 이 내유신령과 외유기화는 실은 수운이 자신의 한울님 체험을 개념화한 것이다. 수운은 자신의 경신년 체험을 묘사하면서 "몸이 몹시 떨리면서 밖으로 신령한 기운이 접하고 안으로 말씀이 가르침으로 내리는데, 보려 해도 보이지 아니하고 들으려 해도 들리지 않았다"[86]라고 표현하였다. 여기서 '밖으로 신령한

---

86 『동경대전』, 「논학문」

기운이 접한 체험', 즉 '외유접령지기'의 체험이 이후에 '외유기화'로 개념화되었으며, '안으로 말씀이 내리는 가르침이 있었다'는 '내유강화지교'가 이후에 '내유신령'으로 정립되었음을 알 수 있다. 그러므로 '안으로 거룩한 영이 있다는 것'은 구체적으로 내 안의 거룩한 영의 가르침을 구할 수 있게 된다는 의미이다.

따라서 한울을 '모신다는 것'은 기존의 관념적인 하늘 섬김과는 다르며, 구체적으로 나의 몸이 그동안 끊어져 있던 한울과 연결됨으로써 안으로는 한울의 지혜를 얻으며, 밖으로는 한울의 기운을 활용하여 나만의 개성과 독특성을 온전히 꽃피워내는 것을 말한다. 그동안 자기 하고 싶은 대로, 욕망에 따라 좌충우돌 살아왔다면, 이제 한울에 나를 온전히 내맡김으로써 그 힘과 지혜를 활용하되, 내가 나의 삶의 주인이 되어 자신의 길을 당당히 갈 수 있게 된다는 것이다. 이는 마치 컴퓨터에 전기를 연결하고 인터넷 선을 연결해서 온 세상의 컴퓨터와 연결되어 원하는 정보를 얻고 또 자기에게 이미 내장된 프로그램으로 원하는 작업을 해 나가는 것에 비유할 수 있다. 또는 자동차의 시동을 켜고 네비게이션을 연결해서 안내를 받으면서 가되, 그 운전대는 자신이 잡고 자기만의 길을 가는 것과 같다. 수운이 경신년 체험을 통해서 발견한 것은 다름 아닌 그동안 끊어진 우주와 연결하는 법이었으며 자신 안에 실제로 한울의 영이 존재의 중심으로서 거하고 있다는 자각이었다. 이것은 이전에도 몇몇 영적 천재들에 의해 발견되었던 것이지만 수운은 그것을 우리 땅에서 다시, 그리고 그것을 자신의 가장 핵심적인 가르침으로 내세운 것이다.

시천주의 자각은 필연적으로 인간에 대한 새로운 이해를 촉구한다. 무엇보다 자기 안에서 하늘의 신성을 발견한 사람은 이제 더 이상 과거의 낡은 자기로 있을 수 없다. 그동안 거짓 자아 속에 파묻혀 있던 마음의 깊은 차원을 발견함으로써 자기 안에서 초월적 차원을 열게 되는 동시에, 다른 모든 존재 속에서도 한울의 신성을 발견하게 된다.

수운은 이 시천주의 '모심'을 통해 인간이란 존재를 새롭게 발견하였고, 또한 새롭게 규정했다. 인간은 내면에 무궁한 한울을 모신 거룩한 존재이며, 인간은 우주적 기운은 물론 모든 생명과 하나로 연결되어 있는 유기적 존재이며, 이런 영기를 안팎으로 모심으로써 고유한 개체 생명으로서 자기의식, 자기 주체성을 가지게 된다는 것이다. 주체의 존엄성과 생명의 연대성에 대한 자각, 그리고 깊은 마음의 회복이 새로운 삶의 존재론적 기초가 되어야 한다는 것이 수운의 동학이라고 할 수 있다. 이런 주체의 재발견은 당시 모든 사람이 계급과 귀천에 관계없이 존엄하고 평등한 존재라는 인식으로 확장되었다. 이는 당시의 계급모순과 불평등에 대한 근본적 반성을 가져왔고 이런 시천주에 대한 자각은 동학농민혁명과 3·1운동이라는 역사적 사건으로 재현되면서 생명과 평화적 사유의 메마르지 않는 원천이 되었다.

지금까지 동학에 새로운 형이상학의 가능성이 있음을 살펴보았다. 동학은 기존의 낡은 종교적 형이상학을 넘어서 생명을 중심에 놓고 세계와 인간을 다시 보게 하는 방법론적 통찰을 포함한다는 점에서 앞으로의 과학에 새로운 인식론을 제공할 수 있다고 본다. 그것은 동양적 기 개념을 중심으로 물질과 생명을 새롭게 보는 관점을 제시한다. 게다가 동학은 그 기를 신령과 기화의 측면에서 이해하며 천주를 인격적 실체로 보지 않고도 종교체험이 가능하다는 것과 인간 내면에 숨겨져 있는 신령성과 신명성, 영성을 발견함으로써 자아실현에까지 나아가는 새로운 신앙이 가능하다는 것을 증명했다.

따라서 거칠게 말하자면 동학은 과학과 종교를 통합하고, 동양과 서양을 통합할 수 있는 방법론적 틀을 가능성으로 가지고 있다고 하겠다. 또한 동학의 새로운 형이상학은 인간의 내면적 신령성과 우주생명에 대한 거룩한 모심이라는 자각을 통해 자기소

외를 극복하고 다른 인간, 자연, 나아가 우주와의 기화라고 하는 상호소통성을 강조함으로써 천지와 대등하게, 천지와 더불어 만물의 최령자(最靈者)로서 그 화육에 참여하는 주체적이고, 자각적이고, 창조적 인간의 가능성을 더욱 높였다고 하겠다.

제3장

삶의 기술,
생활의 성화

諸君之問道何若是明明也雖我
拙文未及於精義正宗然而矯其
人修其身養其才正其心豈可有
歧貳之端辛凡天地无窮之數道
之無極之理皆載此書惟我諸君
敬受此書以助聖德於我比之則
況若甘受和白受來吾今樂道不
勝欽歎故論而言之論而示之明
大矸蒙交遠自橫一身之難歲自
是由來攏脫世間之紛境責去胃
海之彌結龍潭古舍家嚴之丈席
東都新府惟我之故御率妻子還
梭之日己未之十月乘其運道受
之節庚甲之四月是亦夢寐之事
難狀之言豪其易卦大定之數審
誦三代敬天之理於是乎惟知先
先生之風龍尾之奇峯怪后月誠
金鰲之北龍湫之清潭賞溪古都
馬龍之西圖中桃花恐知漁子之
舟屋前溢波意在太公之釣檻臨
池磨無違濂溪之志亭號龍潭豈
非慕篤之心難紫歲月之如流哀
臨一日之化仙孤我一令年至二
八何以知之無異童子先考平生

1. 왜 수행을 해야 하는가?

1894년 동학혁명 이후 두 갑자도 지났건만 오늘날 우리 삶의 풍경은 그때와 별반 다르지 않은 것 같다. 물론 많이 편리해지고 풍족해졌다. 하지만 더 행복하다고 말하긴 어려운 것이 사실이다. 그때 못지않은 차별과 무시, 혐오와 갑질이 다양하게 나타나고 있다. 경제적 불평등과 사회적 양극화도 심해지고 있다. 비정규직의 차별과 청년실업도 해결될 기미가 보이지 않는다. 복지 사각지대에서 청년들과 여성, 사회적 약자들의 삶과 일자리 문제는 점점 더 고통스러워지고 있으며, 높은 자살률과 낮은 출산율에서 보듯이 생명의 존엄성은 더 외면당하고 있다. 모든 영역에서 사람보다 돈이, 생명보다 돈이 더 중시되는 냉혹한 사회로 바뀌어 가고 있다.

이렇게 해야 하는가? 혹자는 '분노하라'고 한다. 물론 때로는 분노도 필요하다. 하지만 분노로써 독재와 압제를 끝장낼 순 있어도 분노로 좋은 세상을 건설할 수는 없다. 옳고 그름을 가리는 것도 필요하지만, 지나친 선악과 시비 구분은 오히려 더 큰 악을 초래하는 것을 우리는 역사에서 종종 보아 왔다. 분리하는 마음, 나만 옳다는 마음으로 끝없이 분열하고 구별 짓기를 한다면 결코 상대를 있는 그대로 볼 수도, 존중할 수도 없을 뿐 아니라 큰일을 할 수 없다. 또한 남들처럼 소유하고 소비하면서 좋은 세상을 만들 수는 없다. 자기 가슴의 목소리에 귀 기울이고 자기주도적인 삶을 살지 못하면서 변혁을 할 수는 없다. 무엇보다도 지친 몸과 마음으론 아무것도 할 수 없다.

그래서 몸을 소중히 대하고 마음을 회복해야 한다. 가슴의 목소리에 귀 기울이며 자신의 감정을 존중하고, 분노와 두려움 같은 부정적 감정을 긍정적 사랑의 에너지로 전환할 수 있어야 한다. 무엇보다도 자기만이 옳다고 고집하는 단단한 자기 틀을 깨고 유연하되 크고 원대한 꿈을 향해서 결과에 연연하지 않고 가는 의연함이 필요하다. 다시 말해 좀 더 나은 사람이 되기 위한 삶의 기술로서 몸과 마음에 대한 깊은 이해와 단련, 그리고 더 좋은 세상을 위한 구체적 비전과 불굴의 의지를 위해 공부와 적공이 필요하다. 몸의 훈련, 마음의 혁명, 생각의 전환과 성찰을 통해 더 잘 사는 방법으로서의 삶의 기술이 필요하다는 말이다. 이것이 수행(修行)을 해야 하는 이유이다. 우리는 현실적인 모순과 부조리에 대해 견제하고 저항하는 것을 멈추어서는 안 되겠지만 그에 이와 동시에 바르게 사는 삶의 기술을 익히는 것으로서의 수행을 해야 한다. 수행은 남들이 모르는 어떤 것을 아는 것이 아니라, 자신의 욕망을 조절하고, 온갖 부정적 감정들, 무지와 두려움, 그리고 분노에서 벗어나는 것이다. 사회적·제도적 실천은 이러한 수행을 바탕으로 할 때만 진정한 실천이 담보될 수 있다.

동학에는 수행이 없다고 생각하는 사람들이 많다. 하지만 불교와 마찬가지로 동학의 핵심 역시 수행, 수도(修道)하는 것이라고 할 수 있다. 동학에서는 '수행'보다는 주로 '수도(修道)'라고 한다. 지금까지 동학을 동학혁명으로 대표되는 운동단체나 정치적 조직으로만 보는 경우가 많았다. 그게 아니라도 그저 민중의 기원에 응답하는 종교 사상으로 보아 전문적인 수행이나 깨달음을 추구하는 전통이 없는 것으로 안다. 그러나 동학은 앞장에서 보았듯이 높은 수준의 형이상학을 갖추고 있으며, 여타의 동양 종교들처럼 수행을 통해 완전한 인격과 깨달음에 도달하고자 하며 이를 바탕으로 새로운 세상을 열고자 한다.

동학의 '개벽(開闢)'은 바로 이런 내면의 욕망과 무지를 극복하고, 한울을 모신 인격으로의 고양, 뭇 생명을 한울님으로 받들어 모시는 생활과 문화적 실천을 의미한다. 동학혁명도 중대한 의의

가 있지만, 수운은 혁명보다 더 근본적인 개벽을 꿈꾸었다. 바로 이 개벽의 실천은 수행, 수도를 통해서만 가능하다. 그러면 동학의 수도는 무엇인지, 인격의 변화와 사회의 거룩한 성화(聖化)를 이룩하기 위한 방법은 무엇인지 살펴보기로 하자.

수행에 관심을 가져본 사람이라면 '도란 무엇인가?', '대체 깨달음이란 무엇인가?', '모든 수행 전통에서 추구하는 깨달음은 같은 깨달음인가?' 아니 그런 '깨달음이라는 것이 가능하기는 한 것인가?' 등의 의문을 가져보았을 것이다. 이에 대해 오래전부터 많은 수행자들은 깨달음이라고 부를 수 있는 마음의 경지가 존재하며, 깨달음에 도달하는 길은 각 문화와 전통에 따라 다를지라도 도달하는 궁극적인 경지는 같다고 여겨왔다. 산에 오르는 길은 달라도 정상은 하나인 것처럼 말이다.

그러나 깨달음의 내용은 문화와 전통의 차이에 따라 각각일 수밖에 없다고 생각된다. 왜냐하면 각 문화마다 세계관이 다르며, 수행의 목표도 그 전통에 따라 제각각이기 때문이다. 예를 들어 불교의 해탈, 기독교의 구원, 유교의 성인(聖人), 도교의 신선 등 추구하는 수행의 목표는 조금씩 다르고, 이상적이라 여기는 인격의 기준 또한 같지 않다. 그들이 내놓은 세계와 우주에 대한 이해 방식 역시 다르다. 깨달음을 세계에 대한 참된 인식으로 생각한다면 이 중에 어느 것은 맞고 어느 것은 틀린 것이다. 그러나 지금까지 계속 강조했듯이 진리는 '맞고 틀림'의 진위 문제가 아니다. 한 종단 안에서도 서로 상충되는 교리가 있으며, 또 학자에 따라 핵심 교의에 대한 해석도 다르다. 한 종파 내에서도 교리의 핵심 내용을 확정하기 어려운데 그 전체를 관통하는 하나의 진리를 확정지을 수 있다고 생각하는 것은 어불성설(語不成說)이다.[87] 그것이 사실과 부합하는지는 아무도 판정할 수 없다. 어느 차원에서 보느냐, 어떤 관점에서 보느냐에 따라 참이 거짓이 되고, 거짓이 참이 될 수 있기 때문이다. 그러므로 세계관과 방법론이 다르면 깨달음의 내용은 다를 수밖에 없다. 완전한 깨달음은 그 자체

---

87 그 민족의 전통적인 세계관과 가르침의 정수를 구분할 필요가 있다. 교리는 그 세계관을 배경으로 하면서 체계화된 것이다. 그러므로 교리와 그 종교 창시자의 깨달음의 핵심으로서의 진리는 다르다. 만일 교리의 껍질을 벗겨내고 그 안에 담긴 정수만으로 비교한다면 모든 종교는 '어떻게 살아야 할 것인가?'라는 물음에 대한 최선의 답을 제공하는 데서 상통할 것이다. 지금 한국의 일부 종교인들이 자기 종교 교리만 맹신하는 배타적인 태도를 보이는 것은 안타까운 일이다. 또한 자기 종단, 자기 종파, 심지어 자기 교회에만 구원이 있다고 선전하는 것은 더욱 슬픈 일이다. 구원은 어떤 사실을 알고 모르고, 어떤 곳에 속하고 속하지 않음에 달린 것이 아니다. 참된 구원은 마음이 바뀌고 기운이 바뀌어서 사람과 자연을 대하는 방식이 달라질 때, 생활 자체가 신령하고 거룩하게 변화할 때 가능한 것이다.

로 존재할지는 몰라도 인간 지성의 대상이 될 수는 없다.

같은 이유로 특정 종교의 진리를 그 자체로 보편적·절대적인 것으로 받아들일 수는 없다. 종교적 진리의 핵심은 교리나 이론에 있는 것이 아니라, 믿음과 수행을 통한 인격의 변화와 그로 인한 삶의 방식의 변화, 즉 사람과 사물을 대하는 태도의 변화가 드러나는 데 있다. 그것은 우리가 어떻게 살아야 할 것인가에 대한 실천적 지혜를 제공하고 그것이 실천으로 이어지는 데 의의가 있다. 그러므로 한 종교의 교리를 절대적 진리로 맹신하는 위험에 빠지지 않기 위해서는 종교의 교리를 지적·이론적으로 접근하기보다는 실천적·수행적 차원에서 접근해야 하며, 동시에 다른 종교의 진리와 여러 수행 전통을 병행해서 공부할 필요가 있다. 그래서 체계화된 교리에 대한 지식을 쌓는 데에 안주할 것이 아니라, 그 종교 창시자가 어떤 마음으로, 어떤 문제의식과 관점으로 당시의 세상을 고민했는지를 살피면서 내 삶에서 그것을 실현해야 할 것이다.

이 같은 생각을 하게 되면 '깨달음이란 무엇인가?', '도란 무엇인가?'가 더 이상 올바른 질문이 아니라는 것을 알 수 있다. 깨달음은 인식의 대상이 아니다. 다만 몸으로 체득될 수 있을 뿐이다. 도는 앎의 대상이 아니다. 도를 체득하여 세상에 구현하는 것만

이 가능할 뿐이다. 산(山)에 대한 객관적인 지식을 쌓는 것과 산에 오르며 산과 더불어 잘 사는 것은 다르다. 즉 깨달음은 인식이 아니라 나의 인격 안에서 체화되어 그것이 삶의 과정에서 덕(德)으로 세상에 드러나는 것이다. 그래서 수운은 "마음을 닦아야 덕을 알고, 덕을 오직 밝히는 것이 도(道)"[88]라고 했다.

그래서 수행을 깨달음이라는 어떤 완전한 경지에 도달하려는 노력으로 보기보다는 몸의 욕망을 조절하고 부조리한 현실에서 최선의 지혜를 발휘할 수 있는 '삶의 기술'을 터득하는 과정으로 보는 것이 좋다. 마치 무예가나 예술가가 피나는 훈련을 통해 초인적인 경지의 기예에 이르는 것처럼, 지속적인 단련에 의해서만 완성할 수 있는 그런 기술로서 말이다. 이렇게 볼 때 깨달음은 어떤 경지라기보다는 몸과 마음을 자유자재로 다스려 세상에 사랑과 정의, 자비와 덕을 펼 수 있는 삶의 기술을 터득한 상태로 봐야 할 것이다.

물론 질적 비약의 순간은 있다. 변곡점을 통과하는 것과 같은 극적인 체험의 순간이 있으며, 그런 순간을 통해 전인격의 변화

---

88 『동경대전』「탄도유심급」.

가 일어난다. 이것을 깨달음이라고 부를 수 있겠지만 그렇다고 알아야 하는 어떤 진리 체계가 있는 것처럼, 지금 우리가 사는 세상과 다른 별도의 경지가 있는 것처럼 이야기하는 것은 위험하다. 수행자가 가장 경계해야 할 것은 자만심이다. 수행하는 사람들 중에는 오히려 보통사람보다 못한 사람도 많다. 차라리 안 하느니만 못한 결과를 낳는 경우도 적지 않게 있다. 그것은 대부분 자만심 때문이며 수행을 마치 무슨 급수를 따는 것처럼 단계가 높아지는 것으로 생각했기 때문이다. 그리고 일상의 삶을 떠나 어떤 고원한 것이라 생각했기 때문이다. 수행에만 빠져서 주변을 살피지 않는 것은 취미에 빠진 것에 불과하다. 인터넷에 중독된 '인터넷 폐인' 같은 '수행 폐인'일 뿐이다. 참된 수행은 생활에서 실효가 있어야 하고, 사람과의 관계에서 우러나야 하며, 나아가 사회의 모순과 부조리를 제거하고 바람직한 삶의 문화를 만드는 실천으로 이어져야 한다.

2. 일상에서의 수도, 생활의 성화

수행은 단지 앉아서 마음의 편안함과 고요함을 추구하는 것이 아니다. 수행은 삶의 주체로서 몸을 바꾸고, 나의 몸이 놓인 삶의 공간 속에서 잘 살아갈 수 있는 최선의 방법을 터득하는 것이다. 수행은 곧 '삶의 기술'이다. 따라서 수행은 현실적인 삶 한가운데에서 행해야 하며 현실의 삶을 떠나서 추구하는 것은 무의미하다. 삶이라는, 몸이라는 현실적인 도구를 떠나서 깨달을 것은 따로 없다.

그래서 동학의 수행은 현실에서의 생활을 중시한다. 앞에서 언급했지만, 수운의 득도 체험도 생활하는 가운데 이루어졌다. 그러나 수운은 도를 편 기간이 짧았기 때문에 수운의 도(道)를 현실적인 삶의 기술로서 구체적으로 다양하게 적용시킨 이는 해월 최시형이다. 해월은 '시천주'를 구체적인 현실 원리인 '사인여천(事人如天, 사람을 섬기되 한울님같이 섬겨라)'으로 해석했고, 물물천·사사천(物物天事事天)이라 하여 모든 것이 한울 아님이 없다고 했다.

그가 가장 강조한 것은 고원한 도가 아니라, "일용행사가 도 아님이 없다[日用行事莫非道也]"는 일상에서의 실천이었다.

흔히 수도(修道)를 한다고 처자를 버리고 산속에 들어가 혼자 도를 닦는 경우가 많다. 또는 특별한 명상기법을 수행하거나 가부좌 틀고 앉은 것만을 수도라고 하여 그 기간 동안은 용맹정진하지만, 다시 일상으로 돌아왔을 때는 보통사람만 못한 경우도 많다. 특히 가정에서 부인과 같이 수도하면서 부인의 존경을 받으며 수도하는 이는 참으로 드문 것 같다. 결국 수도의 자취는 생활에서 드러난다. 의식이 변하는 것만으로는 충분하지 않다. 생활이 바뀌어야 정말 변화했다고 할 수 있는 것이다.

그래서 동학의 2세 해월 최시형은 유난히 일상에서의 수도와 '대인접물(待人接物, 사람을 대하고 사물을 접하는 것)'의 중요성을 강조한다.

사람이 바로 한울이니 사람 섬기기를 한울같이 하라. 내 제군들을 보니 스스로 잘난 체 하는 자가 많으니 한심한 일이요, 도에서 이탈되는 사람도 이래서 생기니 슬픈 일이로다. 나도 또한 이런 마음이 생기면 생길 수 있느니라. 이런 마음이 생기면 생길 수 있으나, 이런 마음을 감히 내지 않는 것은 한울님을 내 마

음에 양하지 못할까 두려워함이로다.[89]

　해월은 잘난척하는 마음, 교만한 마음을 가장 경계하면서 모든 사람들을 한울님같이 높여서 공경하라고 가르친다. 이렇게 대인 접물을 중시한 것은 수운의 '시천주'가 한낱 구호에 그치지 않기 위해서는 사람을 대하고 사물을 마주하는 일상에서 다름이 있어야 하기 때문이다. 해월은 이어서 다음과 같이 설법한다.

　사람을 대하고 사물을 접함에 반드시 잘못은 가려주고 잘하는 것을 칭찬하는 것으로 주를 삼으라. 저 사람이 포악으로써 나를 대하면 나는 어질고 용서하는 마음으로써 대하고, 저 사람이 교활하고 교사하게 말을 꾸미거든 나는 정직하게 순히 받아들이면 자연히 돌아와 화하리라. 이 말은 비록 쉬우나 몸소 행하기는 지극히 어려우니 이런 때에 이르러 가히 도력을 볼 수 있느니라. 혹 도력이 차지 못하여 경솔하고 급작스러워 인내가 어려워

89　『海月神師法說』「對人接物」, "人是天 事人如天 吾見諸君 自尊者多矣 可嘆也 離道者自此而生 可痛也 吾亦有此心 生則生也 不敢生此心也 天主不養吾心也-恐也."

지고 경솔하여 상충되는 일이 많으니, 이런 때를 당하여 마음을 쓰고 힘을 쓰는 데 나를 순히 하여 나를 처신하면 쉽고, 나를 거슬려 나를 처신하면 어려우니라. 이러므로 사람을 대할 때에 욕을 참고 너그럽게 용서하여, 스스로 자기 잘못을 책하면서 나 자신을 살피는 것을 주로 하고, 사람의 잘못을 그대로 말하지 말라.[90]

여기서 해월은 사람을 대하고 일을 할 때 그 사람의 잘못보다는 잘하는 것을 먼저 보고, 그 사람이 설사 악하게 대하더라도 항상 공경하는 마음으로 대하라고 주문한다. 또한 욕을 참고 너그럽게 용서하고 항상 자신의 마음을 먼저 살피는 것을 주로 삼으라고 한다. 이렇게 하는 것은 정말 쉬운 일이 아니다. 그래서 그는 남이 포악하게 대할 때 순히 받아들일 수 있는 것이 진정한 도력(道力)이라고 했다.

---

90 『海月神師法說』「對人接物」, "待人接物 必隱惡揚善爲主 彼以暴惡對我則 我以仁恕待之 彼以狡詐飾辭則 我以正直順受之則 自然歸化矣 此言雖易體用之難矣 到此來頭 可見道力矣 或道力未充 率急遽難忍耐 率多相沖 當此時 用心用力順我處我則易 逆我處我則難矣 是故待人之時 忍辱寬恕自責內省爲主 非人勿直."

그의 가르침은 '공경(恭敬)'이라는 한마디로 압축된다 해도 과언이 아니다. 그는 사람들이 보이지 않는 하늘과 귀신은 공경하면서도 정작 사람은 공경하지 않는다고 비판한다. 경천(敬天)은 물론이지만 경인(敬人)을 할 수 있어야 하며, 나아가서 만물까지도 공경하는 경물(敬物)에 이르러야 비로소 덕이 천지기화에 합일될 수 있다고 하였다.[91] 해월은 사람만이 한울님을 모신 것이 아니라, 만물이 다 한울님을 모셨다는 것을 깊이 통찰했다. 그래서 아침에 지저귀는 새소리를 들으면서 "저 새소리도 시천주의 소리"[92]라고 했고, 땅을 소중히 여기기를 어머님의 살결같이 하라고 하였다.

우주에 가득 찬 것은 도시 혼원한 한 기운이니, 한 걸음이라도 감히 경솔하게 걷지 못할 것이니라. 내가 한가히 있을 때에 한 어린이가 나막신을 신고 빠르게 앞을 지나니, 그 소리 땅을 울리어 놀라서 일어나 가슴을 어루만지며, "그 어린이의 나막신 소리에 내 가슴이 아프더라"고 말했었노라. 땅을 소중히 여기기

---

91 『海月神師法說』「三敬」.
92 『海月神師法說』「靈符呪文」.

를 어머님의 살같이 하라. 어머님의 살이 중한가 버선이 중한가. 이 이치를 바로 알고 공경하고 두려워하는 마음으로 체행하면, 아무리 큰 비가 내려도 신발이 조금도 젖지 아니 할 것이니라. 이 현묘한 이치를 아는 이가 적으며 행하는 이가 드물 것이니라. 내 오늘 처음으로 대도의 진면목을 말하였노라.[93]

이는 그의 마음의 경지가 한울과 하나가 되어 모든 존재를 자기와 똑같은 한 몸으로 느낄 수 있었다는 것을 보여준다. 이처럼 해월은 공경을 생활화함으로써 동학적 인간상을 정립하고 동학적 인격의 전형을 몸소 보여주었다.

이렇게 생활 속에서의 수도를 중시하다 보니 당연히 부인의 역할도 중요하게 생각했다. 그는 당시 천대받던 며느리도 한울님이라는 취지의 '천주직포설(天主織布說)'[94]을 발표하여 며느리라고

---

93 『海月神師法說』「誠敬信」, "宇宙間 充滿者 都是渾元之一氣也 一步足不敢 輕擧也 余閑居時一小我着屐而趨前 其聲鳴地 驚起撫胸曰「其兒屐聲我胸痛 矣」惜地如母之肌膚 母之肌膚所重乎 一襪子所重乎 的知此理體此敬畏之心 雖大雨之中 初不濕鞋也 此玄妙之理也 知者鮮矣 行者寡矣 吾今日 始言大道 之眞談也."
94 『海月神師法說』「待人接物」.

함부로 대하지 말고 한울님으로 똑같이 공경해야 한다고 가르쳤다. 또 그는 부인이 곧 집안의 주인이라고 했다.

묻기를 "우리 도 안에서 부인 수도(修道)를 장려하는 것은 무슨 연고입니까."

신사 대답하시기를 "부인은 한 집안의 주인이니라. 음식을 만들고, 의복을 짓고, 아이를 기르고, 손님을 대접하고, 제사를 받드는 일을 부인이 감당하니, 주부가 만일 정성 없이 음식을 갖추면 한울이 반드시 감응치 아니하는 것이요, 정성 없이 아이를 기르면 아이가 반드시 충실치 못하나니, 부인 수도는 우리 도의 근본이니라. 이제로부터 부인 도통이 많이 나리라. 이것은 일남구녀를 비한 운이니, 지난 때에는 부인을 압박하였으나 지금 이 운을 당하여서는 부인 도통으로 사람 살리는 이가 많으리니, 이것은 사람이 다 어머니의 포태 속에서 나서 자라는 것과 같으니라."[95]

---

95 『海月神師法說』「婦人修道」, "問曰「吾道之內 婦人修道獎勵 是何故也」神師
    曰「婦人 家之主也 爲飮食 製衣服 育嬰兒 待賓 奉祀之役 婦人 堪當矣 主婦
    若無誠而 俱食則 天必不感應 無誠而育兒則 兒必不充實 婦人修道 吾道之大
    本也 自此以後 婦人道通者 多出矣 此 一男九女而比之運也 過去之時 婦人壓
    迫 當今此運 婦人道通 活人者 亦多矣 此 人皆是 母之胞胎中 生長者如也」."

이는 주부의 역할을 중시한 것뿐만 아니라, 앞으로 도래할 시대에는 여성이 주체가 된다는 것을 예견한 부분이다. 즉 세상의 변화는 가정의 변화로부터 오는 것이요, 가정의 변화는 부인에게 달렸다는 의미이기도 하다. 결국 동학에서 추구하는 수도의 핵심은 '생활(生活)의 성화(聖化)'라고 할 수 있다. 이는 단순히 의식의 변화만을 말하는 것이 아니라, 먹는 것에서부터 걸음걸이, 잠자는 것 등 행동거지 하나하나가 달라지고 부모님은 물론 부인과 남편, 그리고 자식을 대하는 것, 주변의 풀 한포기를 대하는 것에 이르기까지 변화되는 것을 의미한다. 이렇게 지금까지와는 다른 생활방식을 추구함으로써 마음이 신령해질 뿐만 아니라 덕성이 함양되어 사회를 거룩하게 변혁시키는 것이 동학 수도의 목표라고 하겠다.

3. 동학의 심법, 수심정기

　어느 수행을 막론하고 가장 중요하게 생각하는 것이 마음이다. 수행은 마음에서 일어나는 온갖 부정적인 감정들을 정화하고 늘 맑고 밝게 유지하는 방법을 훈련하는 과정이라고 할 수 있다. 또한 늘 깨어서 지금 여기에 온전히 참여할 수 있는 '현존의 기술'이기도 하다. 마음이 맑아져서 아무 욕념이 일어나지 않고 텅 비어 고요해지면 자연스럽게 지혜가 생기고, 닫혔던 마음이 열리면 자연히 주변의 고통 받는 사람들에 대한 사랑과 자비가 나오게 된다.

　여타의 수행법과 마찬가지로 동학 역시 기본적으로 마음을 중시하는 '심학(心學)'이다.[96] 그런데 동학 수도법에서는 마음을 항상 기운과 같이 언급하는 것이 특징이다. 수운은 자신이 새로 내

96　『용담유사』「교훈가」, "열세 자 지극하면 만권시서 무엇하며 심학이라 하였으니 불망기의 하였어라."

놓은 수도법을 '수심정기'라고 이름했다. 수심정기는 수운이 해월에게 1863년 8월 14일 도통을 전수하면서 함께 전한 동학의 심법이기도 하다.

수운은 10여 년 동안 주유천하 하면서 유학의 가르침이 현실에서 제대로 시행되지 않는 것을 보았다. 그래서 "유도 불도 누천년에 운이 역시 다했던가"라고 한탄하였다. 말끝마다 삼강오륜과 인의예지를 부르짖지만 막상 현실은 위선으로 가득 차 있었다. 그래서 그는 근본적인 마음의 바탕, 그리고 실천력을 확보하는 공부가 필요하다고 보았다. 그래서 그는 "인의예지는 옛 성인의 가르친 바요, 수심정기는 내가 다시 정한 것이니라."[97]고 하여 수심정기의 공부법을 내놓았다. 여기서 수심(守心)은 하늘로부터 본래 품부 받은 하늘마음(天心)을 회복하여 그 마음을 늘 유지해 나가려는 것을 의미한다. 정기(正氣)란 나의 몸의 기운이 한울 기운과 조화된 상태를 말한다. 다시 말해 수심은 내 마음의 고삐를 잘 잡아 감정과 욕구를 잘 조절하면서 내가 원하는 삶을 운용해 가는 것을 말하며, 정기는 한울의 기운과 바르게 연결되어 그 기

---

97 『東經大全』「修德文」, "仁義禮智, 先聖之所教, 修心正氣 惟我之更定."

운을 활용할 수 있는 상태를 말한다. 수심정기는 한울 마음[天心]과 기운을 회복하여 그것을 늘 일상에서도 보존하여 지켜내는 것을 의미한다. 나의 물들고 습관된 마음이 아니라 한울로부터 받은 본래의 맑고 밝고 신령한 마음과 기운을 회복하여 그것을 매사에 잘 지켜내는 것이 동학 수도에서 가장 중요한 핵심이라는 것이다.

동학 수도법은 이처럼 마음을 기운과 항상 같이 언급한다. '수심정기'라 할 때도 그렇고 "군자의 덕은 기운이 바르고 마음이 정해져 있으므로"[98]라든지 "마음이 화하고 기운이 화하여[心和氣和] 봄같이 화하기를 기다리라[以待春和]"[99] 등 마음을 항상 기운과 같이 언급한다. 기운은 몸과 감정의 현재적 상태와 관련된 생명에너지의 흐름이다. 그러므로 기운공부는 곧 몸공부와 직결된다.[100] 마음이란 수시로 변하는 것이라서 몸과 직접 관련된 기운

---

98 『東經大全』「論學文」.

99 『東經大全』「題書」.

100 기(氣)라고 하는 것은 초월적 차원과 경험적 차원을 연결하고, 형체가 있는 것의 뒤에서 움직이면서 그것을 생성시키는 일종의 생명에너지의 흐름이다. 주체의 실천적 체험을 통하여 직관적으로 감지되지만 보이지는 않는 생명적 에너지의 유동이다. 유아스 야스오, 『몸과 우주』, 지식산업사, 2004. 참조.

166 우리 학문으로서의 동학

공부가 선행되지 않으면 실지가 없다. 그래서 처음에는 기운공부를 통해 몸의 기운을 바르고 조화롭게, 그리고 신체적 에너지를 강하게 하는 것이 필요하다. 기운이 바르게 되면 이에 따라 마음 상태도 조화롭게 될 뿐만 아니라 감정과 욕망을 조절할 수 있는 실제적인 힘이 생긴다. 그러므로 수심정기는 마음과 기운을 같이 공부하여, 항상 올바른 상태로 유지함으로써 도와 덕을 실천 수도의 원리라고 할 수 있다. 그래서 해월도 "만일 수심정기가 아니면 인의예지의 도를 실천하기 어려운 것"이라고 하였다.[101]

여기서 '수심', 즉 마음을 지킨다는 것은 내 안에 모셔져 있는 한울 마음을 발견하여 합치되는 삶을 사는 것을 의미하고, '정기' 즉 기운을 바르게 한다는 것은 끊어져 있는 한울의 기운과 연결되어 그 기운 안에서 사는 것을 의미한다. 이처럼 내 안의 하늘을 회복하여 그 질서에 따르는 삶, 천도에 합치되는 삶을 제시한 것이 동학이며, 그 방법을 언급한 것이 "수심정기"라고 할 수 있다.

또한 수심정기 공부는 우주의 기화 작용과 만물 화생의 이치를 깨닫는 방법이다. 해월은 "사람이 능히 그 마음의 근원을 맑게 하

---

101 『海月神師法說』「守心正氣」.

고 그 기운바다를 깨끗이 하면 만진이 더럽히지 않고, 욕념이 생기지 아니하면 천지의 정신이 전부 한 몸 안에 돌아오는 것이니라."[102]고 하여 수심정기가 되면 저절로 욕념이 생기지 않아 천지의 정신과 하나가 된다고 하였다. 또 수심정기의 상태와 효험에 대해서 다음과 같이 이야기했다.

거울이 티끌에 가리우지 않으면 밝고, 저울에 물건을 더하지 않으면 평하고, 구슬이 진흙에 섞이지 않으면 빛나느니라. 사람의 성령은 한울의 일월과 같으니, 해가 중천에 이르면 만국이 자연히 밝고, 달이 중천에 이르면 천강이 자연히 빛나고, 성품이 중심에 이르면 백체가 자연히 편안하고, 영기가 중심에 이르면 만사가 자연히 신통한 것이니라.[103]

그래서 해월은 도를 이루고 못 이루는 것이 모두 수심정기에

102 『海月神師法說』「守心正氣」.

103 『海月神師法說』「守心正氣」, "鏡不蔽垢則明 衡不加物則平 珠不渾淤則光矣 人之性靈也如天之日月 日中則萬國自明 月中則千江自照 性中則百體自安 靈中則萬事自神矣."

달렸으며[104] 나아가 수심정기가 되면 천지의 운절(殞絶)된 기운도 보충할 수 있다고까지 말했다.[105]

이로써 보면 수심정기는 지극한 수련을 통해서 마음과 기운이 하늘의 기운과 화해진 상태, 즉 심화기화(心和氣和)[106]가 되어서 몸과 마음이 편안하고 도덕적 의지가 충만하며, 밝은 지혜가 생긴 상태를 말한다. 수운은 모든 공부에서 마음뿐만 아니라 기운까지 다스려서 화평한 상태가 되는 것을 중시하였다. 지기의 기운이 온몸에 가득 찰 때 조화롭지 못했던 기운들이 저절로 조화로워지며 참으로 신령하고 거룩한 마음이 되어 자발적인 실천이 가능하다고 본 것이다. 또한 마음이 하늘이라는 것을 깨달아 잘 지킴으로써 궁극적으로 본래의 나를 자각할 뿐만 아니라 하늘과 그 덕을 합하고 우주의 기화 작용을 온전히 깨달아 그 조화에 참여할 수 있는 이상적인 인간, 즉 성인이 될 수 있다고 본 것이다.

그렇다면 수심정기 공부는 구체적으로 어떻게 하는 것인가? 해월은 "성인이 되고 못 되는 것이 마음을 정하고 정하지 않는 데

---

104 『海月神師法說』「修道法」, "道之成不成 都在於 氣心之正 如何矣."
105 『海月神師法說』「守心正氣」, "'守心正氣' 四字 更補天地隕絶之氣."
106 『東經大全』「題書」, "得難求難, 實是非難, 心和氣和, 以待春和."

있다."[107]고 하면서 마음을 효제온공(孝悌溫恭)으로 받들어 모시고, 때로는 갓난아기처럼 잘 보호하라고 한다.

수심정기(守心正氣) 하는 법은 효·제·온·공이니 이 마음 보호하기를 갓난아이 보호하는 것같이 하며, 늘 조용하여 성내는 마음이 일어나지 않게 하고 늘 깨어 혼미한 마음이 없게 함이 옳으니라. 마음이 기쁘고 즐겁지 않으면 한울이 감응치 아니하고, 마음이 언제나 기쁘고 즐거워야 한울이 언제나 감응하느니라. 내 마음을 내가 공경하면 한울이 또한 즐거워하느니라. 수심정기는 바로 천지를 내 마음에 가까이 하는 것이니, 참된 마음은 한울이 반드시 좋아하고 한울이 반드시 즐거워하느니라.[108]

여기서 효제온공은 부모님께 효도하고 형제간에 우애 있게 지내며 항상 온화하고 공손하게 사람을 대하라는 그런 일상의 도리

---

107 『海月神師法說』「篤工」, "(余少時自思 上古聖賢 意有別樣異標矣 一見大先生主心學以後 始知非別異人也) 只在心之定不定矣."

108 『海月神師法說』「守心正氣」, "守心正氣之法 孝悌溫恭 保護此心如保赤子 寂寂無忿起之心 惺惺無昏昧之心 可也 心不喜樂 天不感應 心常喜樂 天常感應 我心我敬 天亦悅樂 守心正氣 是近天地我心也 眞心 天必好之 天必樂之."

를 설하는 것이 아니라 이와 같은 자세로 일상의 매 순간순간 자기의 마음을 보살피라는 것이다. 즉 효제온공의 대상은 내 마음이다. 이런 효제온공의 자세로, 또는 갓난아이 보호하듯 내 마음을 보호하라는 것이다.

두번째로 늘 조용하여 성내는 마음이 일어나지 않게 하고 늘 깨어 혼미한 마음이 없게 해야 한다고 강조한다. 성내는 마음이 일어나는 순간 한울 마음을 잃게 되므로, 늘 깨어서 지금 여기에 현존하는 것이 마음을 지키는 방법이라는 것이다. 세번째로 강조하는 것은 기쁜 마음을 잃지 않는 것이다. 어떤 상황에서도 미소를 잃지 않고 마음에 기쁨을 유지하는 것이 수심정기의 중요한 수단이라는 것이다.

이 말은 참 쉽지만 실생활에서 실천하는 것은 결코 쉬운 일은 아니다. 그 핵심은 '마음이 곧 한울'이므로 그 마음을 잘 지켜 성내거나 미워하지 않으며 항상 화평하게 유지해야 한다는 것이다.

이렇게 해월은 일상생활에서 항상 마음을 잃지 않는 것을 수도의 핵심으로 보고 있다. 이렇게 수심정기가 되어 항상 마음을 잃지 않고, 그것이 몸 가운데 가득 차서 주재하게 되면 백체(百體)가 편안할 뿐 아니라 만사를 행함에 있어서도 자연히 신통하게 된다는 것이다.

4. 동학 수도의 입문, 강령

앞에서 종교체험을 '기의 동시적 동조현상', 즉 감응 현상이라고 하였다. 인격적 존재로서의 신(神)이 있어 주관하는 것은 아니라 하더라도 우주는 단순한 물질의 총합만은 아니다. 보이지는 않지만 나를 둘러싼 공간 전체와 나를 전후로 한 시간 전체, 다시 말해 이 우주[宇宙=天地四方古今往來]의 기운이 나에게 영향을 미치고 있다. 이 기운과 조화로울 때 나의 몸이 건강하고 나의 운도 순탄하지만 그렇지 못할 때는 몸에 병이 생기고 운도 막히게 된다는 것이 동양의 통찰이다.

동학도 마찬가지다. 나의 몸은 닫힌 체계가 아니라 지금 이 순간도 전 우주와 동시적으로 교감하고 있는 열린 체계다. 하지만 대부분의 경우에는 적극적인 소통이 일어나지는 않고 생명을 유지할 수 있는 최소한의 교감만이 일어난다. 그러나 때때로 나의 몸과 정신이 어떤 특수한 상태에 이르게 될 때 나의 몸이 완전히 열리게 되어 우주적 기운인 지기와 적극적으로 교감 또는 동조될 수 있다. 이를 가리켜 '종교체험' 또는 '신비체험'이라고 한다. 이 것은 인터넷으로 비유할 수 있는데, 자기 컴퓨터 안에서만 작업 하다가 인터넷에 연결하면 전 세계의 네트워크와 연결되어 세계 전역의 정보를 접할 수 있는 것과 같다. 그래서 어떤 특수한 정신 적 계기에서는 남모르는 것을 듣기도 하고, 보기도 하는 신비한 일을 경험할 수 있다. 그러나 정신세계도 인터넷과 비슷해서 반 드시 고급 정보만 주어지는 것은 아니다. 게다가 자기의 주관까 지 개입되어 나타나는 것이므로 모든 종교체험을 완전히 신뢰하 거나 신의 절대명령으로 생각해서는 안 된다. 그것은 단지 참고 해야 하는 자료에 불과하다.

'종교체험'은 사실 무당의 접신에서부터 모세와 예수, 마호메 트, 수운의 체험에 이르기까지 그 본질은 모두 같다고 볼 수 있 다. 종교체험 현상은 단지 어떤 영적 존재가 들어오는 것만으로 설명될 수 없고, 반대로 인간의 주관이 만들어낸 무의식적 환상 으로만 치부해 버릴 수도 없다. 지기의 기운이 어떤 계기에 의해 나의 마음과 동조될 때 나타나는 것이다.[109] 수운은 그것을 '강령

---

109 지기와 마음의 감응이 종교체험으로 나타나기 때문에 나의 주관의 선이해 가 종교체험의 내용에도 절대적인 영향을 미친다고 할 수 있다. 그래서 대부

(降靈)'이라고 하였다. 마음과 기운의 어떤 극적인 상태에서 한울의 지극한 기운과 접한 것이다. 보통의 일상적인 마음과 기운 상태에서는 이런 경험을 쉽게 할 수 없다. 주파수가 정확하게 맞아야 하는 것이다.

기도의 원리도 여기에 있다. 기도의 응답은 그 신앙대상이 주는 은총이나 권능이라기보다는 자기 믿음과 정성, 즉 마음의 집중력(강도)에 기인한 것이다. 이렇게 보면 인간의 운(길흉화복)도 마음과 기운에 관계한다는 것을 알 수 있다. 전통적인 종교에서처럼 선악에 관계하는 것이 아니다. 즉 선하다고 잘 살고, 악하다고 벌을 받아 못사는 것이 아닌 것이다. 한울은 불택선악 하기 때문에 행위에 따라 상벌을 주지 않는다. 인간의 마음 씀에 따라서만 감응한다. 그러므로 마음의 방향을 어디에 두느냐, 마음을 얼마나 한 곳에 집중시킬 수 있느냐(一心), 그리고 주로 어떤 마음 상태에 있느냐, 다시 말해서 밝은가 어두운가, 따뜻한가 차가운가, 평정한가 자주 요동치는가, 자신감으로 가득 차 있는가 아닌

분의 종교체험은 자기 문화권, 또는 자기의 경험과 무관하게 일어나지 않는다. 예를 들어 산신 기도를 하는 사람에게 성모 마리아가 나타나지는 않는다는 말이다.

가 등에 따라 운은 결정된다. 그리고 어떤 마음의 차원(의식 수준)에서 관계가 이루어지느냐에 그 사람의 인격과 삶의 질이 결정된다. 그렇기 때문에 감응의 원리를 잘 이해한다면 인간 스스로가 선악과 길흉과 화복의 주인공이 되어서 자기 운명을 스스로 결정해 나갈 수 있다. 그러나 이것을 하나의 지혜로 받아들여야지 불변의 진리나 법칙으로 볼 필요는 없다. 이것을 고정불변의 법칙으로 보면 또다시 독단에 빠질 수 있다는 점에 유의해야 한다.

동학의 강령은 바로 이 감응의 메커니즘을 잘 보여준다. 그리고 그 감응은 저쪽에서 임의로 제공되는 것이 아니라 이쪽의 마음과 기운의 조건에 따라서 주어진다는 점이 중요한 핵심이다. 그렇기 때문에 동학의 신앙과 수행은 단지 예배와 찬양보다는 수행의 자세와 마음의 태도, 즉 정성·공경·믿음[誠敬信]과 마음을 굳건히 정하여 잃지 않고 항상 기운을 바르게 하는 '수심정기'로 귀결된다. 이 조건이 구비되면 감응은 언제나 일어나는 것이다. 감응과 은총, 구원조차도 수행하는 사람과 기도하는 자의 마음(믿음)과 정성에 달린 것이다. 어떤 신을 믿느냐가 아니고, 어떤 교단

에 속하느냐에 달린 것이 아니라는 것이다.[110]

그래서 동학에서의 강령 체험은 수도의 중요한 입문이라고 할 수 있다. 강령을 체험해 봐야 한울님 모심을 체감할 수 있고, 내유신령과 외유기화에 의해 몸과 마음이 바뀌는 것을 경험할 수 있다. 동학 연구자 중에서 드물게 수행을 열심히 하는 김춘성 교수는 자신의 시천주 체험을 다음과 같이 회고하였다.

대강령이 되어 온 몸과 마음이 떨리는 가운데 '영부'도 받고 '강화'의 말씀이 들려오는 등 상상할 수조차 없었던 신령한 마음 상태를 경험하게 된 것입니다. '시천주'를 체험하게 된 거죠. 그 체험은 지금까지 제 삶은 물론 모든 존재의 의미가 새롭게 다가오는 감동과 충격을 아우르는, 말로 표현할 수 없는 것이었습니다. 안으로는 경외지심과 절대적인 고요함이 병존하고, 밖으로는 주체할 수 없는 역동적인 기운에 휩싸여 있는 그러한 경지에

---

110 이 감응의 메커니즘을 명확히 알아서 모든 미신과 우상숭배, 잘못된 신앙, 특히 자기의 신앙대상과 교회 소직만을 절대시하고 다른 믿음을 배타하는 그릇된 자세를 버려야 한다. 미신이 저급한 신앙에만 있는 것은 아니다. 세계적인 종교를 믿는 사람이라도 감응의 이치를 제대로 알지 못한다면 미신(미혹된 신앙)과 다를 바 없다.

도달한 후 밖의 사물과 새로운 차원에서 소통하는 신비한 체험을 하였습니다.[111]

이처럼 강령을 통해 시천주 체험을 하면 마음과 기운이 바뀌고 신령해져서 한울과 통하는 인격과 지혜를 얻는다. 뿐만 아니라 정신세계를 이해하게 되고 일체의 미혹된 행위에 빠지지 않을 수 있게 된다. 그러나 이 체험은 어디까지나 입문으로서 하나의 과정일 뿐이기 때문에 이 자체에 너무 빠져서는 안 된다. 수운도 어느 정도 가르침을 받고 나서는 더 이상 강령과 강화를 구하지 않았다. 마음이 항상 정해져 있어 외물에 휩쓸리지 않고 기운이 항상 평정하면 특별히 간구할 것도 없고, 감응을 받을 필요조차도 못 느끼는 것이다. 스스로 판단하고 스스로 결단할 수 있는 지혜와 인격에까지 이른 것이다. 그것을 하나의 경지라고 보면 경지이고 차원이라고 보면 차원이지만, 그것은 어디까지나 감응의 이치와 영의 작용을 충분히 안 다음에 도달한 마음의 상태다.

감응의 이치는 한마디로 마음을 어떻게 써야할지를 제시해준

111　김춘성, 〈동학문명의 시대를 열어가는 길 - 박맹수 · 김춘성 교수를 모시고〉, 『신인간』 통권 668호, 신인간사, 2006, 34쪽.

다. 또한 보이는 것이 전부가 아니라 나를 둘러싼 보이지 않는 생명 에너지의 흐름, 즉 지기의 기운이 임재하고 있음을 알려준다. 마음을 어떤 방향으로 쓰느냐가 운명의 방향을 결정하기 때문에 이 이치를 알고 나면 항상 마음을 살피고 기운을 바르게 하는 데 힘써야 한다는 것을 자연히 알게 된다. 이처럼 감응 현상(강령체험)은 미신에 빠지지 않으면서도 일체의 종교 현상의 보편적 구조를 이해할 수 있게 하며, 어떻게 마음을 쓰고 수행해야 인격의 변화가 일어나고 나아가 자신의 운을 바꿀 수 있는지를 제시하기 때문에 동학 수도에서 가장 중요한 입문 과정이라 하겠다.

5. 일상에서의 효과적인 수도법, 주문 공부

동학 수련의 핵심은 주문 수련이다. 수심정기가 동학 수도의 원리라면, 주문 공부는 동학 수도의 구체적인 방법이자 도구라고 할 수 있다. 다시 말해 동학의 주문은 주술적인 효과를 바라는 기원의 도구가 아니라, 수심정기를 하기 위한 구체적인 공부 방법이다. 수운은 경신년 신비체험을 통해 하늘로부터 주문과 영부를 받았으며, "열세 자 지극하면 만권시서 무엇하며 심학이라 하였으니 불망기의 하였어라 현인군자 될 것이니 도성입덕 못 미칠까"[112]라고 하여 주문만 열심히 외워도 누구나 하늘의 지기와 지극히 화해져서 현인군자가 되고 성인이 될 수 있다고 했다. 또한 해월도 '주문 삼칠자는 대우주·대정신·대생명을 그려낸 천서(天書)'라고 하였고 '시천주 조화정(侍天主造化定)은 만물 화생의 근본'

---

112 『용담유사』「교훈가」.

을, '영세불망 만사지(永世不忘萬事知)는 사람이 먹고 사는 녹의 원천을 밝힌 것'이라고 의미를 부여하였다.[113] 동학 주문은 동학의 핵심을 압축적으로 드러낼 뿐만 아니라, 그 자체가 중요한 수도법인 것이다.

일반적으로 주문 수련은 근기(根氣)가 약한 사람을 위한 대중적인 수련법으로 알려져 있다. 이는 인도에서도 마찬가지다. 밀교의 만트라(mantra, 眞言) 수행은 기존의 전문가 위주의 수행에 비해 대중적인 방법으로 알려져 있다. 그런데 대중적이라 해서 깊은 체험을 할 수 없는 것은 아니다. 일반인들이 깊은 체험을 하기 힘든 것은 간이한 수행법을 택해서라기보다는 큰 목적을 세워서 그 한 생각에 매진하기가 어렵기 때문이다. 생활하면서 한 생각에 매진하기 어렵기 때문에 방편으로 사용하는 것이 바로 주문이다. 간단한 음절의 주문을 계속 반복하여 외우다 보면 자연스럽게 정신이 집중되고 그 주문의 주파수에 몸의 기운이 동화되어 빠른 시간에 기운 체험을 할 수 있다. 그래서 주문 수련은 일반적

---

113 『海月神師法說』「靈符呪文」, "呪文三七字 大宇宙 大精神 大生命 圖出之天
書也「侍天主造化定」萬物化生之根本也「永世不忘萬事知」是人生食祿之源
泉也."

으로 간단한 몇 구절을 반복적으로 외움으로써 빠르게 정신 집중과 영적 체험을 하게 하는 것으로 알려져 있다.[114]

『본교역사』에서는 주문의 의미를 다음과 같이 설하고 있다.

삼가 그 주문을 상고하건대 이는 사람의 마음을 붙잡아 매는 기둥이오, 이로써 한울의 사다리로 삼아 상제를 보는 관(管)이라. 조화 구멍을 수탐(搜探)하고 비밀의 틈을 발견하여 사람으로 하여금 입으로 외고 마음으로 생각하면 알지 못하는 사이에 점점 마음 가운데 쌓인 잡념을 덜어버리고 착한 마음의 뿌리를 지켜 내여 만 가지 지혜가 스스로 밝아지나니 육신에 쓰면 몸이 윤택하고 근골이 단단하며 한 나라에 쓰면 나라가 살고 백성이 부하며 세계에 쓰면 희희양양한 극락을 이루리로다.[115]

---

114 주문을 보통 주술적인 효과와 관련지어 보기도 하지만, 주문은 그런 주술적인 효과보다는 반복적인 암송을 통해 저절로 호흡이 되므로 자연히 기운이 일어나게 하고 더 빠르게 정신집중이 되게 하는 것일 뿐이다. 그래서 주문 수련은 다른 수련법에 비해 쉽고 효과도 빨라서 일상생활을 하는 가운데에서는 매우 유력한 방법이다.

115 『本教歷史』「水雲大神師」[박맹수, 최기영 편, 『한말 천도교 자료집 2』, 국학자료원, 1997] 가능한 한 원문을 그대로 살리고자 했으며, 일부는 알기 쉽게 현대어로 고쳤다.

주문은 마음을 붙잡아 매는 기둥이며 상제를 보는 관이라고 비유하고 있다. 이는 학문을 통한 지루하고 난해한 방법이 아니라, 열세 자의 간단한 주문을 반복함으로써 내 마음이 잡념과 사욕에 휩싸이지 않고 본래의 착한 마음을 회복하는 방법이다. 이돈화는 주문을 "내유신령의 도리를 찾아 몸에 기화의 력(力)을 얻음으로써 천주(天主)를 섬기는 방법"[116]이라고 했다. 따라서 주문은 한울님을 염념불망(念念不忘) 잊지 않는 방법이며, 한울님을 지극히 위하고 섬기는 글이며, 천심을 회복하는 공부법이다. 그래서 수운은 동학의 주문 스물한 자[117]를 풀이한 후 "그러므로 그 덕을 밝고 밝게 하여 늘 생각하며 잊지 아니하면 지극히 지기에 화하여 지극한 성인에 이르느니라."[118]라고 하였다.

동학의 주문 수련은 크게 두 가지로 진행된다. 하나는 현송법(顯誦法)이라고 해서 큰 소리로 스물한 자를 일정한 속도와 음률로 반복해서 외운다. 이는 강령을 경험하기 위한 것이며 기운의

116   李敦化, 『水雲心法講義』(天道教中央宗理院, 1926), 39쪽.
117   『東經大全』「呪文」, "至氣今至 願爲大降 侍天主 造化定 永世不忘 萬事知." 여기서 '至氣今至 願爲大降' 여덟 자를 降靈呪文이라 하고 '侍天主 造化定 永世不忘 萬事知'를 本呪文.
118   『東經大全』「論學文」, "故 明明其德念念不忘則 至化至氣 至於至聖."

양성(활성)을 위주로 하는 수련법이다. 이를 반복하면 기운의 변화를 느끼게 되는데, 이는 말하자면 내 몸에 국한된 기운과 그 기운이 본래 유래한 본체로서의 지기(至氣)의 소통이 원활해지고 온전해짐으로써 생기는 것이다. 그러면 마음이 밝아질 뿐만 아니라, 마음에 힘이 생긴다. 이 힘은 몸의 욕망을 조절하는 힘이기도 하고 몸의 조화롭지 못한 기운을 평정함으로써 약(藥)의 도움을 받지 않고도 질병을 치유하거나 몸을 건강하게 만드는 힘이기도 하다. 또한 세상을 자신감 있게 살아갈 수 있는 힘이기도 하고, 불의에 맞서는 힘이기도 하다. 다음으로 묵송법(黙誦法)은 강령주문을 뺀 본주문 열세 자를 소리 내지 않고 조용히 마음으로 읊어 마음의 본체와 우주의 근본을 관하는 공부다. 이를 통해 마음이 곧 한울이라는 것을 온전히 깨닫고 나면 세상 티끌에 물든 마음에서 벗어나 본래의 청정한 마음을 회복할 수 있고, 구름 걷힌 뒤 태양이 비치듯 밝은 지혜가 나온다.

이처럼 현송을 통해 기운(몸) 공부를 하며, 묵송을 통해서는 성품공부를 한다. 이 현송과 묵송을 하는 가운데서 자연히 마음이 닦이는 것이 동학의 수도법이다. 손병희는 이 세 가지의 공부에 대해 다음과 같이 말한다.

성품이 있고라야 몸이 있고, 몸이 있고라야 마음이 있으나 그러나 성품과 마음과 몸 세 가지에서 어느 것을 먼저 할 것인가. 성품이 주체가 되면 성품의 권능이 몸의 권능을 이기고, 몸이 주체가 되면 몸의 권능이 성품의 권능을 이기느니라. 성품을 주체로 보고 닦는 사람은 성품의 권능으로써 비고 고요한 경지를 무궁히 하고 그 원소를 확충하여 불생불멸을 도라 말하고, 몸을 주체로 보고 닦는 사람은 몸의 권능으로써 활발하고 거리낌 없이 현세계에서 모든 백성을 함양함을 도라고 말하느니라. 그러므로 성품과 몸의 두 방향에 대한 수련을 보이어 도 닦는 사람에게 밝혀서 말하려 하노라.[119]

마음을 중심으로 한편에서는 성품 공부, 다른 한편으로는 몸 공부를 겸해야 한다는 의미이다. 그래서 손병희는 "바르게 보고 바르게 듣는 것은 성·심·신 삼단이 합하여 보이고, 나누어 보임

---

119 『無體法經』「性心身三端」, "有性有身 有身有心 然性心身三者何爲先 性爲主 性之權能 勝身之權能 身爲主 身之權能 勝性之權能 觀性以主體而修者 以性之權能 無窮於空寂界 擴充其原素而不生不滅 謂之道 觀身以主體而修者 以身之權能 活活無碍於 現世界而涵養萬族 謂之道 故 示性身雙方之修煉 辯論於修道者."

이니 세 가지에 하나가 없으면 도가 아니요 이치가 아니다"[120]라고도 하였다. 큰 틀에서는 마음공부이긴 하지만 한편으로는 그 마음에서 기운이 어떻게 일어나는지 그 활용을 익히며 실제 기운을 일으키고 화하게 하는 공부를 하고, 한편으로는 그 마음의 본래자리, 비고 고요한 본성 자리를 공부함으로써 나의 근본을 깨닫는 공부를 해야 한다는 것이다.

동학의 수도는 강령에 의한 접령(接靈)과 강화를 체험하는 데서 출발하여 마음이 하늘이라는 것을 깨닫는 데로 나아가며(心卽天, 自天自覺), 최종적으로는 비고 고요한 성품을 깨달아, 나와 하늘이 둘이 아니고(人乃天), 나의 성품이 우주의 본체와 둘이 아니라는 것을 체득함으로써 모든 의심과 세상 티끌, 일체의 번뇌에서 벗어나 본래의 물들지 않고 걸림이 없는 경지, 자유롭고 지혜로운 마음의 경지인 해탈(解脫), 견성(見性)으로까지 나아가야 한다고 가르친다.[121]

---

120 『無體法經』「神通考」, "正示正聞 性心身三端合以示之分以示之 三端無一非道非理."

121 『無體法經』, 「眞心不染」, "聖賢不然, 恒不忘我本來, 固而守之, 强而不奪, 故觀得萬理根本, 萬理具體, 徘徊心頭, 圓圓不絶, 自遊遊不寂于慧光內, 萬塵之念, 自然如夢想, 是謂解脫心. 1解脫卽見性法, 見性在解脫, 解脫在自天自

이처럼 동학 수련은 인간 존재를 몸과 마음, 성품의 세 차원에서 보고, 성품과 마음과 몸의 삼단(三端)을 같이 닦는 것이 특징이다. 이런 동학의 수련은 세 가지를 하나로 닦는 공부, 셋이 본래 하나요, 하나가 셋으로 나눠진다는 우리 고유의 '삼일철학'과 맥이 닿는다. 이는 거슬러 올라가면 우리의 고유사상, 최치원의 난랑비 서문에 나오는 포함삼교(包含三敎), 접화군생(接化群生)의 풍류도, 즉 유교의 성의정심(誠意正心)과 불교의 각성(覺性) 공부와 도교의 양기(養氣)를 겸해서 나온 우리의 선교 전통에서 비롯되었음은 말할 나위도 없다.[122] 이런 측면이 동학의 수련이 몸과 마음과 성품을 같이 닦고, 또한 수도가 개인의 깨달음에 그치지 않고 늘 사회적 실천으로 연결되었던 까닭이었다고 볼 수 있다.

覺. 自心自守而不失, 固而不流, 自心自然解脫, 萬法萬相一切具心, 事理不錯, 我天不二, 性心不二, 聖凡不二, 我世不二, 生死不二." 월산 김승복은 수도의 계단을 잘 알아서 공부해야 한다는 것을 강조하며, 수도 계단을 접령, 강화, 자천자각, 해탈견성의 네 단계로 제시하고 있다. 김승복, 『天在何方-한울은 어디 있는가』, 모시는사람들, 2009, 17~19쪽.

122 손병욱은 동학의 주문 삼칠자를 통해 동학이 한국 고유의 선교(禪敎)의 삼대 요소를 겸하고 있다고 분석하고 있다. 손병욱, 「동학의 삼칠자 주문과 다시 개벽의 함의」, 『동학학보』 제18호, 동학학회, 2009, 199~231쪽 참조.

요컨대 동학의 시천주 21자 주문을 반복함으로써 빠르게 정신 집중과 단전호흡이 되고, 이 과정에서 자연히 하늘의 지극한 기운이 쏟아져 들어오는 것을 체험하게 되며, 마음의 정화가 일어나면서 부정적 감정들이 사라지고 마음의 밝음과 힘을 얻게 하는 공부이다. 이 공부가 깊어지면 마음의 비고 고요한 본성 자리에 들게 되어 본래의 성품을 깨치고 '참나'를 발견하게 된다. 이처럼 주문 수련 하나로 몸과 마음, 그리고 성품 공부를 겸하는 것이 서민을 위한 간이하고 대중적인 동학 공부의 특징이다. 수운은 이 주문을 통해서 글을 배우지 않은 서민들도 마음의 근본을 깨칠 수 있게 했고, 자연히 수심정기가 되게 함으로써 모두가 현인군자가 될 수 있다고 하였다. 수운이 꿈꾼 개벽의 세상은 바로 이 주문 공부를 통해 모두가 수심정기가 되고 현인군자가 되는 '군자공동체'[123]였던 것이다.

123　신일철, 「동학사상의 전개」, 『동학사상의 이해』, 나남, 1995, 63쪽.

6. 몸의 치유에서 사회의 치유까지, 영부

수운은 경신년 체험에서 한울님으로부터 주문과 더불어 영부
(靈符)를 받는다. 이것으로서 당시 백성들을 질병에서 건지라는
목소리를 듣는다.

나에게 영부 있으니 그 이름은 선약이요 그 형상은 태극이요 또
형상은 궁궁이니, 나의 영부를 받아 사람을 질병에서 건지라.[124]

지금까지 학계에서는 이 영부를 단순히 병을 고치는 부적(符籍)
으로 생각해 왔다. 마치 도교나 민간신앙의 부적과 같이 말이다.
그러나 이것을 단순히 부적으로 보면 동학의 핵심을 파악하기 어
렵다. 영부는 하나의 상징적인 물건이다. 개인의 질병에서부터

---

124 『東經大全』「布德文」, "吾有靈符, 其名仙藥, 其形太極, 又形弓弓, 受我此
符, 濟人疾病."

사회적 질병, 나아가 병든 자연계와 신명계, 우주와 문명 전체를 치유하는 근본적인 처방이다. 개인의 몸이 병드는 원인과 사회가 병들고, 문명이 병드는 원인이 근원적으로 하나이기 때문이다. 하나라고 해서 간단하게 말할 수 있는 것은 아닌데, 거칠게 말하자면 개인의 병은 감정과 욕망을 조절하지 못하고 잘못된 생활습관으로 기운의 조화를 잃어버렸기 때문이며, 사회적인 병도 자기만을 아는 이기적 욕망과 다른 존재와의 부조화로 인한 사회적 기운, 나아가 천지 기운이 막혔기 때문이라고 할 수 있다.

문제는 병에 대처하는 방식과 생명을 바라보는 시선이다. 과학이 아무리 발달해도 인간의 소유 욕구를 다 채우려고 해서는 삶의 문제를 근본적으로 해결할 수 없다. 줄기세포 연구의 생명윤리도 문제이지만, 병의 원인에 대한 근원적인 시선이 결여되어 있다면 또다시 상업화에 이용될 뿐 인간과 사회의 근본적인 질병을 치유할 수는 없다. 병의 치유는 단지 어떤 몸의 한 부분을 고치는 식의 기계론적 사고를 넘어서 몸의 기운 전체의 조화, 마음과 몸의 관계, 나아가 그것이 단지 개체 몸의 차원이 아니라 사회적 몸으로 확대될 수 있다는 자각이 필요하다. 몸의 문제를 통해 삶의 문제, 나아가 존재와 생명의 실상에 대한 근원적 인식의 전환을 해 볼 수 있어야 한다. 몸을 앓으로써 수행의 길에 들어설 수 있으며, 병의 치유를 깨달음의 차원에서 접근할 수 있어야 한다.

그래서 수운은 영부를 '가슴속에 불사의 약[胸藏不死之藥]을 간직하였다'[125]고 하였다. 동학의 영부는 종이에 형상화된 것이 의미 있는 것이 아니다. 궁극적으로 영부는 내 마음에 약동하는 한울님의 영기를 상징하고 그 한울님의 감응을 받을 수 있는 나 자신의 마음 상태, 즉 정성과 공경[誠敬], 나아가 뭇 생명을 한울님으로 모시는 거룩한 마음의 상태를 강조하는 것이다. 그래서 해월은 영부를 곧 마음이라고 하면서 마음을 다스려야 병이 낫는다고 했다.

경에 말씀하시기를 「나에게 영부(靈符) 있으니 그 이름은 선약이요 그 형상은 태극이요 또 형상은 궁궁이니 나의 이 영부를 받아 사람을 질병에서 건지라」 하셨으니, 궁을의 그 모양은 곧 마음 심 자이니라. 마음이 화하고 기운이 화하면 한울과 더불어 같이 화하리라. 궁은 바로 천궁이요, 을은 바로 천을이니 궁을은 우리 도의 부도요 천지의 형체이니라. 그러므로 성인이 받으시어

---

125 『東經大全』「修德文」, "胸藏不死之藥 弓乙其形 口誦長生之呪 三七其字."

천도를 행하시고 창생을 건지시니라. 태극은 현묘한 이치니 환하게 깨치면 이것이 만병통치의 영약이 되는 것이니라. 지금 사람들은 다만 약을 써서 병이 낫는 줄만 알고 마음을 다스리어 병이 낫는 것은 알지 못하니, 마음을 다스리지 아니하고 약을 쓰는 것이 어찌 병을 낫게 하는 이치이랴. 마음을 다스리지 아니하고 약을 먹는 것은 이는 한울을 믿지 아니하고 약만 믿는 것이니라. 마음으로써 마음을 상하게 하면 마음으로써 병을 나게 하는 것이요, 마음으로써 마음을 다스리면 마음으로써 병을 낫게 하는 것이니라. 이 이치를 만약 밝게 분별치 못하면 후학들이 깨닫기 어렵겠으므로, 논하여 말하니 만약 마음을 다스리어 심화기화가 되면 냉수라도 약으로써 복용하지 않느니라.[126]

마음을 다스린다는 것은 현재의 마음이 탐욕으로 가득 차 있는

---

126 『海月神師法說』「靈符・呪文」, "經曰, 「吾有靈符, 其名仙藥, 其形太極, 又形弓弓, 受我此符, 濟人疾病.」 弓乙其形, 卽心字也. 心和氣和與天同和, 弓是天弓, 乙是天乙, 弓乙吾道之符圖也, 天地之形體也, 故聖人受之以行天道以濟蒼生, 太極玄妙之理也. 透得則是爲萬病通治之靈藥矣. 今人但知用藥愈病, 不知治心愈病, 不治心而用藥, 豈有差病之理哉. 不治心而服藥, 是不信天而信藥. 以心傷心, 以心生病, 以心治心, 以心愈病. 此理若不明卞, 後學難曉, 故論而言之, 若治心而心和氣和, 冷水不可以藥服之."

지, 분노로 가득 차 있는지, 알 수 없는 두려움과 미래에 대한 불안으로 가득 차 있는지, 그래서 전전긍긍하며 눈앞의 이익에만 매달려 그것이 전부라고 집착하고 있는지, 사랑이라고 하면서 사실은 애욕에 물들어 있는지, 자신감이 지나쳐 교만하지 않은지, 예전에 받은 상처와 억압에 의해 피해의식에 사로잡혀 있지는 않은지 등을 파악하여 이런 일체의 마음에서 벗어나 바르고, 밝고, 착하고, 의로운 마음을 회복하는 것이다. 이런 마음을 회복하게 되면 일신의 작은 이익에 안주하지 않고 항상 온화하고 평정한 상태에서 주변을 돌아볼 여유가 생기게 된다. 마음이 항상 복잡하고 시끄러운 시장이 아니라, 조용한 정원의 꽃밭처럼 온갖 꽃들이 피어서 향기를 풍기는 그런 마음의 상태로 만드는 것을 말하는 것이다. 해월이 강조하는 양천주(養天主)도 이를 의미하며, 심화기화(心和氣和)도 이런 마음과 기운의 상태를 의미하는 것이다. 따라서 마음과 기운이 화한 상태에 이르게 되면, 병은 저절로 무위이화의 기운작용에 의해서 낫게 된다는 것이다.

이돈화 역시 영부를 부적으로 보지 않고 '창조심'이라고 하여, 하늘의 마음과 수운의 마음이 온전히 부합되어 여합부절(如合符節)된 의미를 취한 것이라 한다. 이 영부는 육체적 질병뿐만 아니라 정신적 질병과 사회적 질병까지 치유하는 것인데, "정신적 질병에 대해서는 사람의 생혼(生魂) 즉 영부심(靈符心)을 일으켜 창조적 새 힘으로 정신적 사기(邪氣)를 배제하고, 사회적 질병에 대해서는 인류 대중이 영부의 천심을 회복하여 재생 운동의 노력으로 사회개조를 힘씀이 영부의 력(力)"[127]이라고 하였다.

그러므로 영부는 대우주 대생명의 원천을 상징한 것이며, 개체의 생명의 근원을 상징한 것이다. 한마디로 생명의 상징이며 우주의 약동불식하는 기운의 상징인 것이다. 그러므로 나에게 들어와 있는 신령하고 신명한 마음을 돌이켜 회복하고 나의 기운을 화하게 하여 그 마음과 기운으로 자기는 물론 주변을 모시고 살리는 거룩한 기화에 적극적으로 동사(同事), 동역(同役)하라는 것이 영부의 의미라고 하겠다.

---

127   이돈화, 『水雲心法講義』, 33~35쪽.

7. 개벽의 칼춤, 검무

검무(劍舞)는 주문과 영부의 방법 외에 수련의 보조적 수단이었던 것으로 보인다. 검무에 대해서는 수운이 남원 은적암에 은거할 때 지기의 왕성한 기운을 주체하지 못하여 목검을 들고 검가[128]를 부르면서 칼춤을 추었다는 데서 처음 나온다.[129] 이후 수운이 좌도난정의 죄목으로 잡혀 대구에서 대구감사 서헌순에게 심문을 받을 때 이런 문답이 있었다고 전한다.

서헌순이 "네 도(道)로써 세상을 가르친다 하면서 목검(木劍)을 만들어 스스로 사용하고 또 제자에게 가르쳤으니 그것은 무슨 의미로 한 것이냐?"라고 물었다. 이에 최제우가 대답하기를 "도를 닦는 것은 천심(天心)을 지키고 정기(正氣)를 양(養)하는 것이

---

128 『용담유사』「검결」.
129 『天道敎創建史』, 〈第一篇, 水雲大神師〉, 32쪽.

라. 그러므로 내 사람의 정기를 양하기 위하여 목검을 만들어 검무를 추게 한 것이요 다른 뜻이 없노라.[130]

이를 통해 당시 수운에 대한 심문의 핵심이 '검무와 검가를 통해 역모를 꾀하려고 했다'는 데 있었음을 알 수 있다. 그런데 수운은 검무와 검가는 정기(正氣) 공부의 한 방편이었다고 답하였다. 실제로 수운은 정치적으로나 무력으로 세상을 바꾸고자 하는 의도는 없었다.[131]

검무를 출 때 불렀던 '검결(검가)'은 동학의 의식에 주로 사용된 노래이다. 달 밝은 밤, 산정에 올라 하늘에 제를 지내고 이 의식이 절정에 이르면 의식에 참가한 사람들이 목검을 손에 쥐고 검무를 추며 입을 모아 이 노래를 불렀다고 한다. 이는 동학이 지향하는 다시개벽의 새로운 세상을 맞이하고자 하는 정신적인 희열

---

130 『日省錄』(癸亥12月 21日字, 甲子 2月 29日字) ; 『承政院日記』(甲子 2月29日字)

131 세상을 바꾸겠다는 수운의 개벽사상은 지나치게 관념적이라는 지적을 받기도 한다. 프랑스 대혁명처럼, 민중들에 의해서 봉건적 왕조사회를 무너뜨리고 민주적인 공화정을 앞당기는 데까지 의식이 나아가지 못했다는 것이다. 하지만 수운의 개벽은 더 근본적인 인간혁명, 삶의 혁명을 통한 문명적 대전환을 지향하고 있다는 점에서 더 발본적인 것이다.

을 춤과 노래를 통해 상징적으로 표현한 것으로 볼 수 있다. 외양
상으로는 일전을 불사하는 혁명적 변혁을 꾀하는 양상이 표현되
지만, 내면적으로는 종교적 수행을 통해 도달하는 '충일된 정신
의 고양 상태'의 표출, 또는 이러한 정신의 고양을 통하여 지향하
고자 하는 새로운 세계로의 열망을 나타내고 있다.[132] 집단적 군
무와 노래는 같이 모인 사람들을 한마음으로 돌아가게(同歸一體)
하는 축제의 어울림이었을 것이다. 모두 한 자씩 뛰어오르는 춤
을 추면서 세속적 근심과 욕망을 훌훌 벗어버리고, 후천개벽을
여는 상생의 춤을 더덩실 추었던 것이다.

수운이 순도하게 된 가장 직접적인 동기도 바로 이 검무와 검
결에 있다. 당시 조정에서는 검무를 군사 훈련의 방편으로 보아,
수운이 모반을 꾀하고 있다고 본 것이다.[133] 이러한 이유 때문에
수운의 순도 이후 검무는 지하로 잠복되었고 해월 시대에도 검무
에 관한 기록은 거의 등장하지 않는다. 동학 역사에서도 검무는
그다지 중요시되지 않았고 지금은 아예 단절되었다. 이 검무를

---

132 윤석산, 「동학 가사 검결 연구」, 『한양어문』 113호, 한국언어문화학회,
      1995.
133 『日省錄』, 〈高宗 元年 甲子 二月二十九日庚子〉, "劍舞唱 播兒歌 平世思亂
      暗地聚黨"

복원하는 것이 이 시대 동학 문화를 꽃 피우는 데 중요한 관건 중 하나이다.

요컨대 동학 역시 수행적 종교다. 동학을 창시한 수운은 오랜 구도의 수행을 통해 몸과 마음을 깊이 이해했으며, 특히 한울의 기운을 받는 방법을 터득함으로써 동학을 열었다. 마음공부는 '마음이 한울'이라는 것을 분명히 자각하는 데서 시작한다. 내 마음이 곧 한울이기에 한울을 공경하는 것은 곧 내 마음을 공경하는 것에서 시작된다. 한울을 공경한다고 하면서 내 마음이 맑고 밝지 못하고 분노와 원망, 욕망과 탐욕, 불안과 두려움, 미움과 시기, 세속적 성공과 출세에 사로잡혀 있다면 이는 한울을 제대로 공경하지 못하는 것이다. 그러므로 동학의 마음공부는 현재의 마음을 늘 살펴서 본래의 맑고 밝고 신령한 한울마음을 회복하는 공부다. 이것이 진정한 한울 섬김이기도 하다.

동학의 수행은 깨달음이라고 하는 어떤 절대적 진리를 인식하려는 것이 아니다. 수행의 힘과 지혜를 바탕으로 자기의 인격을 변화시키고 나아가 자기 주변의 건강하지 못한 것들을 치유해 나감으로써 궁극적으로 우리 사회, 우리 문명을 온전하게 치유하는 것이다. 그것이 동학이 추구하는 개벽이다. 한마디로 동학은 수행을 통해 궁극적으로 인류의 문명을 전환하고자 한다. 그것은 시천주의 모심과 섬김, 공경을 바탕으로 한 '생활양식의 변화'로부터 시작된다. 그러므로 동학은 기본적으로 인간이 누구나 알아야하고 체득해야 하는 삶의 기술과 그를 통해 생활을 성화시키고 결과적으로 사회를 거룩하게 만드는 길을 제시한 것이다. 이것이 동학의 '시천주'의 삶이며, '포덕천하'의 이상이다. 이 길은 옛 성인들이 밟았던 길이지만 어쩌면 잊혀진 길이기도 하다. 동학은 그 고대의 길을 복원하여 모든 사람이 다닐 수 있는 큰길(大道)로 다시 만들었다고 할 수 있다.

지금 인류는 지구적 차원에서 전개되고 있는 생태계 파괴와 기후변화, 그리고 유전공학과 인공지능에 의해 장밋빛 희망의 세계라기보다는 2100년도 되기 전에 인류가 절멸하고 마는 상황이 도래할지도 모르는 총체적 위기의 국면을 맞고 있다.

반면 애벌레로 태어났던 우리 인간이 바야흐로 나비, 곧 신인류로 변신하기 위해 어두운 고치 속에서 호된 통과의례를 치르고 있다는 희망의 메시지도 있다.[134] 조화로운 몸과 마음, 의식의 진화와 영적 성장을 게을리 하지 않으면서도, 삶의 총체적 전복의

---

134 브루스 립튼, 스티브베어맨 지음, 이균형 옮김, 『자발적 진화』, 정신세계사, 2012.

혁명을 꿈꾸며, 생명의 순환 원리에 따라 오늘의 정치, 경제, 사회구조, 문화와 생활양식을 근본적으로 전환시키는 노력이 지속된다면 언젠가 양자적 도약이 일어나 문명적 전환이 현실화될 수 있다는 것이다.

다만 그 전제조건은 애벌레에서 나비로의 의식의 진화를 이룬 깨어난 사람들이 일정 숫자 이상 임계점에 도달해야 한다는 것이다. 애벌레에서 나비로의 상징이 보여주는 것은 몸과 마음의 실질적 변화이기도 하지만 무엇보다도 먹는 것, 즉 추구하는 것이 바뀐 사람들이라는 것을 보여준다. 아니 추구하는 것이 달라질 때 의식의 진화가 일어난다고 해석할 수도 있다. 유한한 물질과 재화, 한정된 지위가 아니라 무한하고 보편적인 가치를 추구하는 것으로 의식이 전환될 때 단지 의식 차원이 아니라 전 존재의 변형이 일어날 수 있다는 것이다. 장자의 「소요유」편의 메타포(은유)도 마찬가지이다. 바다의 물고기였던 곤(鯤)이 일정한 때가 되어 한번 기운을 모아 힘차게 날아오르면 날개를 하늘의 구름처럼 드리우곤 붕(鵬)이 되어 남쪽 바다로 날아간다는 이야기 말이다.

수운의 '개벽의 꿈'은 지금까지 한두 사람의 영적 천재들에 의해 깨달음을 얻던 시대를 지나 모든 사람이 그와 같은 집단적 의식의 진화를 이룰 것이라고 전망한 것이다. 이제 '집단 지성'을 넘어 '집단 영성'의 시대를 예고하고 있다. 지금의 정황으로 보면 미래가 그리 밝아보이진 않지만, 의식의 집단적 깨어남이 들불처럼 일어난다면 이 절망적 상황은 한꺼번에 다시개벽, 즉 대전환의 동력으로 작동할 것이다.

제4장

'다시개벽'의 길

- 천도교 개편과 개벽운동

諸君之問道何若是明明也雖我
抽文未及於精義正宗然而瀉其
人修其身養其才正其心豈可有
岐貳之端爭凡天地无窮之數道有
之無極之理皆以書惟我諸君
敎受此書以助望德於我之則
怳若甘受和白受采吾今樂道不
勝欽欽故論而言之論而示明
大將縈交遠自博一身之顚藏自
是由來懼脫世間之紛撓責去胃
海之彌結龍潭古今泉霞之文席
東都新府惟我之故卿率妻子還
楔之曰已未之十月秉其運道受
之節庚甲之四月是亦夢寐之事
難狀之言蒙其易卦大定之數審
誦三代敬天之理於是乎惟知先
先生之風龍尾之奇峯怪石月城
金鰲之北龍湫之清潭賢溪古都
馬龍之西圍中桃花恐知漁子之
舟屋前滄波意在太公之釣樓臨
池塘無違滄溪之志亭號龍潭宜
非慕篤之心難禁歲月之如流哀
臨一日之化仙孤我一命年至二
八何以知之無異童子先考平生

1. 근대의 옷을 입은 동학, 천도교

1905년 동학에서 이름을 바꾼 천도교는 1910년대에 급속한 성장을 하며 한때 교인 수가 300만에 달하는 조선 제일의 종단이었다. 교인 수에서뿐만 아니라 민족운동에서도 가장 앞장섰다. 동학혁명은 물론이고 1904년의 갑진개화운동, 그리고 3·1운동도 천도교가 가장 앞장섰다. 3·1운동의 자금도 대부분 천도교에서 충당했다. 천도교는 3·1운동의 여파로 일제의 집중적인 탄압을 받아 쇠퇴의 길을 걷게 되었다. 의암 손병희도 옥고(獄苦)로 인한 병으로 돌아가셨다[還元]. 하지만 3·1운동에서 천도교의 역할은 너무 과소평가되고 있다. 2019년 3·1운동 100주년에 즈음하여 일정한 재평가가 시도되었지만, 3·1운동에 대한 전면적인 재조명과 전환의 국면으로 승화시키지는 못하였다.

3·1운동 직후 지도부의 대거 투옥으로 공백이 생긴 천도교는 신교육을 받은 젊은 엘리트 청년들이 새로운 흐름을 만들며 주도하게 된다. 1920년대 『개벽』지를 중심으로 한 신문화운동은 출판

은 물론 교육, 어린이, 여성, 농민, 노동자 운동을 선도해 나갔다. 특히 어린이운동은 해월의 '사인여천(事人如天)' 사상을 바탕으로 김기전, 방정환(의암의 사위)을 중심으로 한 천도교 청년들에 의해 추진되었다. 그 당시 천도교 청년회의 운동은 1920~1930년대 민족운동 진영의 중요한 계파 중 하나였다.

의암의 환원 이후 교주제를 둘러싼 불협화음과 운동노선, 일제의 분열책 등에 의한 교파 간의 갈등은 결국 신구파의 분리와 교세의 약화를 가져왔다. 가장 치명적인 것은 분단이었다. 분단선 이북에 전체 천도교인의 80% 이상이 거주하고 있었고 지도자의 상당수가 북에 있었기 때문에 남한 천도교는 큰 타격을 입게 되었다. 게다가 1948년 3·1절을 계기로 대대적인 남북통일 운동을 계획한 것이 북한 당국에 발각되어 천도교 지도자 대부분이 숙청을 당하는 참변이 일어났다. 북한 지역 천도교 세력의 한 부분은 이 일로 큰 타격을 입고, 친 (북조선) 정권 중심의 천도교 세력이 명맥을 유지하여 나갔다. 이 시기에 남한에서도 천도교의 민족자주 노선을 불온시한 미군정과 이승만 정권 등에 의해 치명적인 탄압을 받으며 한국 사회운동과 민족운동의 주류적 세력과 지위를 상실해 나갔다. 이후 남한의 천도교는 사회 전반의 서구화의 추세 속에서 정치권에서나 사회적으로나 외면당하면서 소수 집단으로 전락했다. 내부적으로도 시대에 적절히 대응하지 못하고 인재를 양성하지 못함으로써 오늘날의 군소 종단이 되고 말았다.

결과론적으로 보면 1920년대부터 시행된 중의제와 삼권분립, 교주제 폐지와 선거를 통한 교령 선출 등의 민주적 교단 운영이 오히려 교단의 구심점을 상실하게 만든 측면도 있다는 점이다. 종교의 경우에는 카리스마 있는 지도자의 권위가 여전히 중요한 요소인지도 모르겠다. 또한 신에게 의타적인 신앙이 아니라 인본주의적 자력 신앙을 추구한 것이 오히려 기복적인 교리로 현실에 영합했던 종교에 비해 세상에 받아들여지지 못했다는 점 또한 냉철한 재평가가 필요하다. 21세기 들어 이른바 4차 산업혁명의 대전환이 전개되는 시점에서 종교의 위상과 역할이 또다시 큰 변곡점에 직면하고 있다. 이 시점에서 천도교는 1905년 이후 100여 년의 역사에서 한 번의 큰 성공과 한 번의 큰 좌절을 거울삼아 현재 이후의 교단의 자체적 기능과 대외적 역할의 방향을 새롭게 모색해 나가야 한다. 공교롭게도 시천주, 삼경, 동귀일체와 같은 천도교의 근본적 교리들이 오늘날의 전 지구적 위기에 다시 한번 요청되는 것은 시사하는 바가 크다.

이러한 관점에서 지난 100여 년 동안 세계사의 변방에서 중심으로 자리매김해 온 우리 민족과 흥망성쇠를 같이해 온 천도교의 교단사와 교리를 재조명할 필요가 있다. 그 과정에서 이전의 동학과는 어떤 차이점을 보이면서 당시 시대를 고민했는지, 그 결과 나타난 천도교 운동의 성격은 어떠한 것이었는지를 살펴보고, 이를 통해 '다시개벽'의 참뜻과 오늘날 우리 사회와 문명이 나아갈 방향을 같이 생각해보기로 한다.

　해월 사후, 풍전등화와 같던 동학교단은 의암 손병희가 도통(道統)을 확립하면서 재정비되는데, 이 과정에서 동학은 새로운 방향을 모색하게 된다. 동학농민혁명 과정에서 수많은 교인과 농민들의 희생을 목격하면서 느낀 처절한 무력감은 일본에 대한 분노를 넘어 강력한 힘을 갖고자 하는 의지를 불태웠던 것 같다. 이는 단지 동학 교단만의 문제가 아니라 다 쓰러져 가는 조선의 장래와도 무관하지 않은 문제였다. 의암은 동학의 재건과 동학의 공인, 나아가 동학교단을 주체로 한 보국안민(輔國安民)의 길을 찾고 싶었던 것으로 보인다. 그것은 떠오르는 태양과도 같은 서양의 근대 문명을 배워서 우리도 그들과 같은 강력한 힘을 가지는 것이었다. 문명개화를 통한 부국강병이 곧 조선의 국운을 살리는 길이었고, 동학을 재건하는 길이라고 여겼던 것이다. 그의 외유는 이런 생각에서 결행된 것이었다.

우리 도를 세계에 밝히 들어내고자 할진댄 문명의 바람을 배불리 먹어서 문명의 영수가 되지 못하고는 뜻을 이룰 수 없으니 내십 년을 작정하고 외국을 유람하야 문명 성질과 세계 형편을 자세히 안 후에야 우리 도를 널리 펼치는데 반드시 걸림이 없을 줄로 생각하노니···.[135]

그는 일본 외유를 계기로 더욱더 문명개화와 자강의 필요성을 절감했다. 또한 이러한 문명개화 노선은 국가적 차원에서 추진되어야 한다는 것, 그리고 조선을 문명국가의 기틀로 재편하기 위해서 '민(民)'이 개화와 개혁의 주체로 나서야 한다는 결론에 도달했다. 이러한 구상을 실현하기 위한 첫 번째 사업으로 그는 민회의 설립(중립회→진보회)을 결행하고, 개화운동을 전개하였다. 물론 동학의 공인이 일차적인 목적이었음은 부인하기 어렵다. 그러나 동학 공인은 문명국가의 구성요소로서 국교(國敎)를 확립하기 위한 선행작업이었을 뿐 그것이 최종 목적은 아니었다. 의암은 열강의 소용돌이 속에서 언제나 보국안민의 길을 생각했다. 의암

---

135 『본교력ᄉ』(박맹수, 최기영, 『한말천도교 자료집 2』, 270쪽.) 문장은 필자가 현대 어로 고친 것이다.

시대의 가장 큰 문제는 민민생도 민생이지만, 수운과 마찬가지로 외세를 물리치고 민족을 보전하는 것이었다. 그는 동학교단이 주체가 되어 그 일을 수행해야 한다고 믿었기 때문에 동학의 재건조차 국가적·문명사적 구상의 일환으로 전개해 나갔다. 다시 말해 그의 동학 재건 노력은 국권 회복과 그렇게 해서 건립된 신문명 국가로서, 세계의 '인여물개벽(人與物開闢)'을 선구적으로 추동하는 것이 궁극의 목적이었다.

의암은 1903년 의정대신 윤용선에게 국정개혁 건의안을 보내 개화 자강의 국권개혁 방안을 제시하였고, 러·일 세력의 각축 속에서 외교적 자립책을 강구하였다. 동시에 국내에서는 이용구를 통해 민회 활동을 전개하도록 했다. 이런 일련의 과정에서 의암은 일본을 이용하려고 했다. 그는 일본과 러시아가 격돌할 것을 예견하였고, 또 그 싸움에서 일본의 승리를 예상했기 때문에 일본과 연대함으로써 승전국의 위치를 점하고 이로써 외교적 구국책을 마련할 수 있다고 보았다. 그러나 이 구상은 뜻밖의 변수로 인하여 실행되지 못하였고, 일본의 한반도 장악과 대륙 침략을 제지하는 데 실패하고 말았다. 의암의 의도는 일본을 잘 이용해서 조선의 힘을 기르고, 이를 통해 국정쇄신과 외세의 간섭에서 벗어나 완전한 자주독립을 이루고자 한 것이었다. 하지만 이

는 당시의 제국주의적 세계 질서와 일제의 야욕을 너무 순진하게 파악한 것이었다.[136]

그래서 그는 일본에 있으면서 이용구를 통해 민회를 조직하여 개화운동을 전개하도록 했다. 그러나 민회는 그의 의도와는 달리 친일파 송병준에게 매수된 이용구에 의해 친일단체인 일진회와의 통합으로 이어졌고, 그 결과 동학 전체가 일진회와 동일시되면서 친일 세력으로 매도되는 사태를 불러왔다. 이 때문에 의암은 일진회와의 차별성을 부각시키는 한편 이전의 동학과도 다르다는 인식을 심어주기 위한 국면 전환을 도모한다. 이것이 천도교 개편의 직접적 이유가 되었다. 그 결과 동학과의 차별성은 문명개화의 노선으로, 일진회와의 차별성은 정교분석(政敎分析)과 출교 처분이라는 관계 청산으로 매듭지어졌다.

의암은 1905년 12월 1일 동학을 천도교로 개칭하고 이듬해 1월 일본에서 귀국하여 서울에 천도교중앙총부를 설립하는 한편, 천도교대헌(天道敎大憲) 및 종령(宗令)을 발표하면서 조직을 갖추었다. 이와 함께 '인내천(人乃天)'을 종지로 하는 근대적 교리 체계를

---

136 『天道敎創建史』, 〈第三編 義菴聖師〉, 82~94쪽. ; 신일철, 『동학사상의 이해』, 〈제8장 천도교의 민족운동〉(사회비평사, 1995), 174~175쪽을 참조하라.

세웠다. 천도교로의 개편은 위기적 국면을 타개하기 위한 불가피한 조치였지만, 결과적으로는 정부로부터의 탄압을 벗어나서 암묵적이기는 하지만 종교교단으로서 공인을 받게 되는 계기가 되었다.[137] 동학의 천도교 개편은 이렇게 해서 이루어졌다.

하지만 의암을 단순히 문명개화론자로 규정하는 것은 적절치 않다. 그는 서양을 일방적으로 따라야 한다고 하지는 않는다. "이제 만약 그 정치를 한번 변하여 천명을 공경하고 민심을 순히 하며 인재를 길러 그 기예를 발달시켜 빛나고 빛나는 문풍이 찬연히 다시 세상에 밝아지면, 가고 돌아오지 아니함이 없는 이치를 가히 이룰 것이니, 오직 우리 동반구 가운데 뜻있는 군자는 생각하고 생각할지어다."[138] 지금은 동양이 정치적으로도 낙후되었다고 할 수 있지만, 본래 동양의 정치가 추구하던 경천순천하고 민심을 천심으로 공경하고 인재를 기르고 기예를 발달시켜 다시 문

---

137 최기영은 손병희를 비롯해 국사범인 권동진, 오세창이 귀국할 수 있었던 것을 황실과의 관련성으로 보고 있다. 즉 천도교의 암묵적 공인은 황제가 일진회의 친일활동을 견제하기 위한 필요였다고 보고 있다. 최기영, 「한말 동학의 천도교로의 개편에 대한 검토」, 『한국학보』 76, 117~121쪽.

138 『義菴聖師法說』「明理傳」, "今若一變其政 敬天命而 順民心 養人材而達其技 郁郁乎文風 燦然復明於世則 無往不復之理 可得而致矣 惟我東球中 有志君子 念哉念哉."

풍이 빛나게 하면 무왕불복지리(無往不復之理), 즉 천도를 이루게
될 것이라고 말한다.

이를 보면 현재의 세계를 서양문명이 주도한다는 것을 인정하
면서도 그것을 따라가야 할 표준으로만 인식한 것이 아님을 알
수 있다. 그리고 동양의 고대 정치를 부정하지 않고 있다. 오히려
경천(敬天), 순천(順天)의 도덕정치를 되살리면 동양의 문명이 다
시 빛을 발할 것이라고 보고 있다. 이것이 스승 수운이 말한 '가
면 돌아오지 않음이 없는 이치(無往不復之理)'인 것이다. 이를 보
면 그의 문명관은 '동양은 야만, 서양은 문명'이라는 식의 이분법
으로 보거나, 문명이 동양에서 서양으로 넘어갔다고 보는 단선적
인 문명관이 아니라, 시운에 따라서 서로 갈마드는, 그래서 다시
서양에서 동양으로 올 수 있다고 보는 순환적 문명관이라는 것을
알 수 있다. 그러면서 백성을 화하고 풍속을 이루는 정책에서 제
일 중요한 것은 주교(主敎)를 세우는 것이라고 말한다.[139]

여기서 주교는 동학, 천도교임은 말할 것도 없다. 동학 천도교
가 밝힌 천도의 진리로 백성들을 화하게 하고 좋은 풍속을 이룬

---

139 cf. 『義菴聖師法說』「明理傳」, "是故 於古及今 大人智士 繼繼承承 各使其
     國 立其主敎 此化民成俗之政策也."

다음 서양의 물질문명과 기술, 발달한 정치적 제도와 경제, 은행 제도 등을 잘 활용함으로써 정신과 물질이 아우러진 도덕문명을 열자고 한 것이다. 서양을 일방적으로 추종한 것이 아니라 지금 백성들을 잘살게 하고 나라를 태평하게 하는 방법에 있어서 서양에서 배울 수 있는 것은 배워야 한다는 입장이었던 것이다. '동도서기'와 비슷한 입장이긴 하지만, 여기서 '동도'는 동학·천도교의 도, 즉 천도이다. 그러므로 그의 참된 의도는 동학·천도교의 동도를 바탕으로 삼고 서양을 융합함으로써 동서통합의 새로운 문명을 열자는 것이라고 할 수 있다.

요컨대 손병희는 조선의 혼을 되살리는 한편, 서양의 앞선 문물을 배워서 나라 재정과 백성의 민생을 살펴 조선이 외세의 압박에서 벗어나서 자주적인 국가가 될 수 있는 방책을 수립하고자 했다. 그리고 그 길은 천도교의 사상을 통해서 주교를 세우고 수운이 다시 깨달아 밝힌 도와 덕을 다시 되살려서 이 땅에 펼치는 것이었다. 따라서 손병희의 노선은 단순한 문명개화 노선이 아니라 어디까지나 수운 이래로 이어진 문명적 개벽 노선이었다고 볼 수 있다.

2. 시천주에서 인내천으로

동학·천도교를 잘 모르는 사람도 수운이 창시했다는 것과 인내천이 교리라는 정도는 떠올린다. 그만큼 인내천은 동학의 대표적인 사상으로 자리 잡았다.[140] 인내천을 동학·천도교의 대표적 종지로 삼은 것은 의암 손병희이다. 수운의 저작에서는 인내천이라는 표현이 직접 보이지 않는다. 그에겐 시천주가 가장 핵심이었다고 봐야 할 것이다.

그런데 왜 동학의 대표적인 사상이 시천주에서 인내천으로 바뀌었을까. 학자들의 입장은 대체로 교리의 합리화를 통해 신비적 요소를 제거하고 근대적 교단으로 탈바꿈하려는 의암과 교단 지도부의 의도를 반영한 것으로 해석한다. 동학은 1905년 천도교

---

140 '인내천'이란 용어는 해월에 와서 '인시천' 등의 용어로 나타나기 시작하고 「기타」편에 딱 한번 보이긴 하는데 후대의 가필인지는 확인하기 어렵다. 그리고 그 경우에도 개념어로 사용하기보다는 사인여천의 의미로서 사용되고 있다.

로 이름을 바꾸면서 정식으로 종교적 교단으로서의 체제를 갖추어야 할 시대적 요구를 느꼈을 것이다.

그런데 인내천의 교리화가 단지 근대적 교단으로 재편하려던 의도로만 설명되지 않는다는 데에 천도교의 성격 규정을 어렵게 만드는 요인이 있다. 왜냐하면 이미 해월의 시대에 '인시천(人是天)'이니 '심즉천(心卽天)'이니 하여 시천주의 신앙보다는 마음의 주체적 자각을 강조하는 교리로의 변화가 감지되고 있었다. 그렇기 때문에 인내천의 교리화는 단순히 시대적인 요구에 따른 인위적 결과라기보다는 시천주의 교리에 대한 이론적·내재적 성숙에 따른 자연스런 귀결이라는 측면에서 해석할 수 있다. 시천주의 교리 안에 이미 인내천이 자라날 씨앗이 있었다고 봐야 한다는 것이다. 왜냐하면 동학의 특징 자체가 앞에서 논의한 바와 같이 한울님에 대한 타력적 신앙과 수도를 통한 주체적 자각이 공존하는데, 수행이 깊어지면 신앙보다는 자연히 주체적인 자각을 강조하는 쪽으로 나갈 수밖에 없기 때문이다. 사람도 부모와의 관계에 있어서 어릴 때는 의존적인 관계로서 보호를 받다가 어른이 되면 모든 일을 자립적으로 해야 하는 경우와 같다. 의암은 다음과 같이 말한다.

우리 교의 과거는 의뢰시대(依賴時代)라. 고로 천(天)이 기적·영적으로 인(人)을 이끌었으나 우리 교의 금일(今日)은 희화시대(熙和時代)라. 비유하면 밝은 태양이 하늘에서 만물을 다 비춤과 같으니 비록 작은 구름이 있다 할지라도 한낮에 이르러서는 천하가 크게 밝은 것과 같은 것이라. 우리 신도(信徒)는 이제로부터 한울님(天主)과 스승님(神師)께 외뢰하는 마음을 타파하고 자기 안에 있는 한울(自天)을 스스로 믿어라(自信). 만약 자천(自天)을 스스로 믿지 못하고 한울님과 스승님에게만 의뢰하면 일에 임하여 자력을 얻지 못하며 진실한 발걸음을 얻지 못하리라. 자천(自天)은 시천주(侍天主)의 본체니 오직 우리 신도는 주체와 객체를 구별하여 수련하라.[141]

인간의 의식 성장에 따라 한울과의 관계가 변하는 것은 당연하다. 때문에 시천주에서 인내천으로의 변화는 수행의 과정에서 일어나는 자연스런 일이다. 그것이 교단적으로 반영된 것이 인내천의 교리화이다.

141　이돈화, 『天道敎創建史』, 〈제3편 제10장 共同傳受心法과 諸法說〉, 72쪽.
　　같은 구절이 『天道敎書』에도 나온다.(인용문은 현대어로 약간 수정하였다.)

인내천은 무신론이나 철학적 신론으로 해석되어서는 안 된다. 인내천이라고 해서 신의 존재가 부정되는 것은 아니다. 다만 그 신은 창조주 하나님, 초월적인 유일신이 아니라 우주의 전체·전량으로서 한울이며, 생생무궁(生生無窮)의 대생명적 활력(大生命的 活力)임과 동시에 인간의 정성된 기도에 감응하기도 하는 우주적 '의식'으로서의 영이다. 사실 손병희가 '인내천'을 통해 전하고자 하는 바는 신에 대한 새로운 이야기라기보다는, 인간의 본질에 대한 천명이다. 이는 인간의 신적 가능성에 대한 천명이자, 인간 완성에 대한 오랜 열망의 근대적 표현으로 이해되어야 한다.

하지만 이후의 흐름은 인내천의 인본주의가 더 강조되면서 한울이 따로 없고 따라서 동학 수련에서 중요한 관건인 시천주의 강령 체험도 불필요한 것으로 치부하는 풍조가 생겼다. 이것이 손병희의 본의는 아니었다. 하지만 이런 풍조는 1920년대 들어 더욱 심해졌고 이는 수련조차 등한시하는 결과를 초래하면서 종교 교단으로서의 면모를 퇴색시켰다.

이는 과정을 생략한 채 결과만을 가지고 이념적으로 접근했기 때문이다. 인격은 단지 이념을 받아들임으로써 변하는 것이 아니라 오랫동안 몸을 단련해야 서서히 변화한다. 그렇기 때문에 인내천을 깨닫는 것은 수행의 결과로서 의식의 성장과 함께 주어져야 하는 것이지 처음부터 한울님은 없다는 식으로 인간의 주체적인 수행만을 강조하면 마치 부모 없는 자식과 같아진다.

결국 천도교의 수행은 시천주의 단계를 거쳐서 인내천으로 나아가는 구체적인 단계를 설정해야 했는데, 결론인 인내천을 이념적으로만 강조하면서 죽은 신앙, 말라붙은 수행이 돼 버렸다. 단계를 배제한 수행은 참다운 결실을 얻기 어렵다는 것은 두말할 필요도 없다. 실제로 이를 걱정한 의암은 1909년 내원사에서 49일기도를 마친 후에 『무체법경』을 편찬하였는데, 그 가운데서 이러한 수도의 단계를 언급하고 있다. 그러나 이미 시대는 차분히 수련을 하고 앉아 있기에는 너무 급박했다. 특히 의암 사후에 신문물을 접한 20대 젊은 천도교 지식인들은 시대의 급무에 마음이 바빴고 진리를 이념(앎)의 차원에서만 접근함으로써 오래 참고 견디면서 쌓아가는 단련, 즉 영세불망[永世不忘]에서 무위이화로 되는, 인격의 변화를 향한 실천적 과정 속에 진리가 있음을 간과했다.

3. 이돈화의 인내천주의

　천도교의 역사에서 꼭 기억해야 할 인물이 이돈화다. 그는 정규교육을 받지 않았지만 1920년대 최고의 지성인으로『개벽』지 주간을 역임했으며, 대단한 웅변가로 청중들을 사로잡았다. 천도교 이론가이기도 했던 그는 이데올로기의 시대에서 민족의 나아갈 좌표를 정해 주기 위해 좌우익과 사상논쟁을 통해 당시 민중에게 필요한 철학 사상을 만들어가려고 했다. 그 결과물인『신인철학(新人哲學)』은 제목에서 전해지듯이 새 시대에 새 사람으로 거듭나기 위한 길을 깊은 철학적 안목을 통해 제시하고 있다. 특히 그는 당시 일본을 통해 소개된 서양철학과 진화론에 자극받아 그것을 통해 동학을 재해석함으로써 동학을 종교와 철학과 과학을 통합하는 현대적 신앙, 현대사상으로서 정립하고자 했다.

　다시 말하자면 여러 구(舊) 신앙 가운데 오직 불변의 진리를 적취(適取)하야 그를 융화케 하고 또 여기에 과학적 사상을 조화(調

和)하며 철학적 이상을 더하여 원만무결(圓滿無缺)하게 된 현대적 신앙이다. 그렇다면 현대적 신앙이라 함은 종교적 관점에서도 교리(敎理)에 어긋나지 않으며, 과학에 물어도 과학과 배치되지 않으며 철학에 질문하여도 철학에 적합한 신앙이겠다. 현대의 요구는 실로 이러한 신앙이겠다. 그리하여 그들은 새 신앙(新信仰)으로써 종교의 통일을 도모코저 함은 확실히 현대사상이겠다.[142]

서양철학을 하나의 방법론으로 받아들여 자기 철학을 재구성하고 있다는 점은 오늘날 학자들이 단순히 서양철학을 소개, 정리하는 데 그치는 것과 차별된다. 진화론을 채택함에 있어서도 다윈(Charles Robert Darwin, 1731~1802)이 아닌 크로포트킨(Pyotr Alekseyevich Kropotkin, 1842~1921)의 진화론을 채택한 것도 탁월한 안목이다. 사실 다윈의 진화론은 적자생존이라는 경쟁의 논리에 입각한 자본주의가 낳은 과학이다. 그러나 크로포트킨은 생명의 질서는 적자생존과 도태, 무자비한 투쟁과 외부의 힘에의 수동적

---

142 李敦化, 「人乃天의 硏究」, 『開闢』 제2호, 1920, 66~67쪽.

인 적응이 아닌 상부상조와 공생을 기본으로 한다는 입장에서 진화론을 전개했다.

이돈화는 진화론을 받아들여 천도교를 '수운주의 진화설'이라고 명명한다.[143] 그는 천도교 신관(神觀)의 궁극적 실재인 한울을 인격적·의지적 존재가 아닌 우주전체·우주전량이라고 정의하고 그 자체가 무한한 자율 운동을 하고 있다고 파악한다. 이돈화는 이 한울의 자율 운동에 의해 우주가 운행되고 인간을 포함한 만물이 생성된다고 본다. 그런데 이 한울도 거슬러 올라가면 하나의 큰 생명적 활력[一大生命的 活力]인 '지기'로부터 나온 것이며, 이 지기의 생성력에 의해 무한한 시간을 거쳐 오늘날의 세계가 형성되었다고 본다. 이것이 진화론과 만나는 지점이다. 이처럼 만유는 이 지기의 본체적 활력, 즉 생생무궁의 생명적 활동의 진화로 탄생한 것이다. 인간 역시 지기의 진화 과정에서 나타났다고 설명한다.

그는 신(神)도 우주의 창조자나 절대자가 아니라 인간의 정신 안에 있는 '무궁에 대한 관념'이라고 한다. 인간 안에 있는 지기의

---

143 이돈화, 『新人哲學』, 17쪽.

본래적 생명(력)을 신이라고 보는 것이다. 그러므로 신은 인간의 생명과 정신의 근원이긴 해도 인격적 실재는 아니다. 그것은 한편으론 우주의 생명력으로, 배경으로 있고, 한편으론 나의 본질로, 인간의 이상(理想)으로 또는 내면의 신성(神性), 무궁한 '창조적 천심(創造的 天心)'으로 내재해 있을 뿐이다. 그래서 그는 인내천(人乃天)의 신을 다음과 같이 정의한다.

일신관(一神觀)과 같이 유일신(唯一神)임을 인정함은 동일하나 신(神)을 인격적으로 생각지 않음이 일신관과 다르며, 범신관(汎神觀)과 같이 천지만물(天地萬物)이 모두 다 신(神)의 표현으로 생각함은 동일하나 천지만물을 동일한 근저(根底)의 연쇄적 진화(連鎖的 進化)로 생각하며, 인간성의 표현이 곧 신(神)의 중추적 결실(中樞的 結實)이라 함이 범신론(汎神論)과 다르다. 즉 인내천 신(人乃天 神)은 사람성 무궁(無窮)의 중(中)에서 천지우주의 범신을 포용케 한 신의 관념이다.[144]

144　李敦化,『水雲心法講義』, 49쪽.

유일신을 인정하지만 인격적이지 않고, 범신론과 같이 천지만물이 신의 표현이라고는 생각하지만 진화를 인정한다는 점에서 범신론과 다르다고 한다. 영적 실재가 있다는 점에서 무신론은 아니지만, 인내천 신은 자체 의지를 가진 인격적 존재는 아니라는 것이다. 쉽게 생각하면 우주를 하나의 진화하는 생명으로 생각하고 그것을 한울이라고 하는데 그것이 여러 격(단계)을 거쳐 인간격으로까지 진화해 왔고, 그 인간격에서 비로소 현재 인간이 나타난 것이다. 그러므로 인간 안에는 우주의 모든 진화의 단계가 들어 있을 뿐 아니라, 시간성으로서 무궁이 들어 있으며, 한울이 들어 있으며, 미래에 대한 창조성까지 들어 있다는 것이다. 다시 말해서 인간은 '무궁한 생명'에 의해 진화해 왔으며, 따라서 지금 모든 인간 안에는 '무궁한 생명'을 본래의 자기로서 모시고 있는 것이다. 그런 면에서 인간의 본성은 무궁한 것이며, 한울과 다르지 않다는 것이다. 그러므로 인간 외에 따로 인격적 존재로서의 신을 생각할 필요가 없으며, 인간격이 중심이 된 삶을 살아야 한다는 것이 그의 '수운주의'이며, '인간격 중심주의'이다.

신(神)의 무궁(無窮)은 곧 생명 자기의 무궁이다. 인간 자기(自己)의 무궁이다. 인간이 자기의 무궁성(無窮性)에 의하여 간접작용으로 신(神)을 창조해 놓고 신을 무상(無上)의 실재(實在)로 숭배하는 대신에 인간 자기를 비열하게 보았다. 이것이 과거종교의 골자다. 그러나 인간의 사고는 어디까지든지 진화하는 것이다. 인간성은 이제야말로 자기의 무궁성을 깨닫게 되었다. 무궁자(無窮者)의 신(神)이란 것이 인간 자기의 본성인 것을 알게 되었다. (중략) 인내천주의(人乃天主義)에 있어 '한울'이라는 것은 인간 자기의 무궁성을 말하는 것으로 인간성 무궁 즉 한울의 무궁은 최초는 대자연의 본 상태로, 다음은 개성의 특징으로, 최종은 인간으로서의 사회성, 이러한 삼 단계를 밟아 혁혁한 정신의 최고 봉화를 들게 되었다.[145]

여기서 '자기'는 단순히 육신만을 의미하는 것은 아니다. 인간 생명의 본래, 본성을 의미한다. 인간 자기의 무궁성을 깨달으면 [人間性無窮] 신이 자기를 떠나 딴 곳에 있는 것이 아니라는 것을 알게 된다. 이런 본래의 무궁성이 자기임을 믿고 깨달아서 육신에 입각해서 살던 삶을 되돌려 자기의 본성에 입각한 삶을 살아

---

145 『新人哲學』, 74쪽.

야 '인내천 신앙'이라는 것이 그의 주장의 핵심이다.[146]

그의 이론화 작업은 높게 살 만하다. 그의 '인내천주의'는 동학을 새로운 문명의 신종교로서 재해석하고 체계화했다. 그는 의암의 인내천을 진화론을 통해 더욱 발전시킴으로써 과학과 일치시키려고 했다. 또한 유심론과 유물론을 통합하는 실재론으로서 '수운주의'를 내세움으로써 서양사상에 대한 대안이자, 철학과도 배치되지 않는 신앙으로서, 인류 최초로 완전한 진리를 내놓았다고 자부했다.

---

146 이돈화가 인내천 신으로서의 한울님을 바르게 믿어야 한다고 하면서 신앙의 중요성을 소홀히 한 것은 아니다. 한울님을 바르게 믿어야 한다는 의미는 다음의 세 가지다. 첫째, 한울님의 확실 존재를 체험할 것. 둘째, 멀리 구하지 않고 자아의 영성을 갈고 닦을 것. 셋째, 한울님의 대덕력(大德力)의 감화를 몸소 실현할 것. 한울님의 확실 존재를 체험한다는 것은 다른 말이 아니라 한울님이 무소부재함을 자연의 생생불식(生生不息)과 자연현상의 질서 속에서 확실하게 인식하라는 말이요, 멀리 구하지 말고 자아의 영성을 갈고 닦아야 한다는 것은 '사람성무궁'이 곧 한울님의 법성인 것을 알아서 멀리 구하지 말고 '사람성무궁'에서 구하라는 말이다. 한울님의 대덕력의 감화를 몸소 실현하라 함은 사람의 행복은 지력(知力)에서 나오는 것이 아니라 신력(信力)에서 나오므로 무위자연의 천지자연의 대도·대덕(大道大德)이 인지(人知) 이외의 '사람성무궁'으로부터 나오는 것을 알아야 한다는 것이다. 즉 한울님에 대한 신력으로 한울의 무위이화의 덕에 귀의하라는 말이다. 그러므로 한울님에 대한 믿음이란 다름 아닌 '사람성무궁', 다시 말해 나의 존재가 저 무궁한 우주의 본원적 생명력으로부터 나왔음을 믿는 것이며, 그 '사람성무궁'에 귀의한다는 의미이다. (李敦化, 『人乃天要義』, 〈第3章, 人乃天과 眞理〉, 48~54쪽.)

그러나 진리는 이론적 정합성에 있는 것이 아니다. 결국 실천이 문제다. 핵심은 몸이 바뀌고 인격이 바뀌고 생활이 바뀌는 것이다. 인내천 교리화는 결과적으로는 시천주의 체험이 생략됨으로써 신앙과 수행의 약화를 가져왔다. "종교가 철학이나 도덕과 다른 본질적 차이는 바로 논리적 명증성이나 도덕적 당위성에 기초한 진리 파악이나 실천이론의 전개에 있는 것이 아니라, '반대일치의 원리'에 기초한 역설적 진리를 찰나적으로, 수동적으로 체험함으로써 도리어 매우 능동적이며 시간 속에서 영원한 삶을 적극적으로 창조적으로 살아간다는 데서 발견된다."[147] 이런 측면에서 이돈화가 그의 말기 저서인 『동학지인생관(東學之人生觀)』에서 '반대일치의 원리'에 입각해서 신앙과 수행, 그리고 실천을 중시하는 것으로 그 입장을 바꾼 것은 주목할 일이다.[148]

147   김경재, 「종교적 입장에서 본 현도 100년의 천도교」, 『동학학보』 제10권 1
       호, 동학학회, 2006.
148   李敦化, 『東學之人生觀』(天道敎中央總部, 1972)

4. 천도교의 민족운동

지금은 모두 1919년 3월 1일의 사건을 3·1운동이라고 부르지만, 임시정부 측 자료에 의하면 당시에는 3·1대혁명으로 불렸다. 박재순은 3·1운동은 제국주의적 탐욕과 군사적 폭력에 맞서 세계 최초로 일으킨 거족적인 독립투쟁이었으며, 비폭력 평화운동이자 온 민족이 하나로 단결하여 일어난 대통합 운동이었고, 신분과 특권과 낡은 전통과 굴레를 깨뜨리고 자유와 평등을 실현한 민주혁명이었다는 점에서 3·1혁명이라고 불려야 한다고 역설했다.[149]

3·1운동은 3월 1일을 시작으로 대대적인 국면으로는 약 3개월간 이어졌으며, 산발적으로는 그해 연말까지, 그리고 해외에까지 전파되어 약 1년간 지속되었다. 참여 인원은 최대 200여만 명

---

149 박재순, 『삼일운동의 정신과 철학』, 홍성사, 2015.

으로 추산되고 있다. 조선총독부의 공식 기록에 의하더라도 집회인 수가 106만여 명, 사망자 7,509명, 구속된 자 4만7천 명으로 당시 인구의 6.31%가 만세 시위에 참여한 것으로 나와 있다. 그런데 3·1운동 당시의 희생과 피해에 대해서는 아직 일본 정부로부터 공식적인 사과를 받지 못하고 있다. 화해와 용서의 전제조건은 진심어린 사과와 진실 규명이다. 하지만 최근의 일본 정부는 오히려 역사적 진실을 숨기고 왜곡하며 오히려 과거로 회귀하려고 하고 있다.

3·1운동은 셋이 하나 되어 보편적 가치를 실현하는 '통합'의 구현이었으며, 단순한 독립운동을 넘어, 또한 식민·피식민의 이분법을 넘어 한반도는 물론 동아시아와 나아가 온 세계에 자유와 평등, 생명과 평화, '인도 정의(人道 正義)의 신문명'을 열고자 했던 운동이다. 우리는 평화로운 통일 한국의 건설과 함께, 일본, 그리고 중국과 함께 동북아평화공동체의 구현, 나아가서는 유라시아 평화공동체를 열어나가야 하는 시대적 과제를 안고 있다. 이를 위해선 일본과의 화해를 통한 신뢰와 협력관계를 구축해야 할 것이다. 그러나 그러기 위해선 일본 정부의 진심어린 사과가 선행되어야 함은 물론이다.

3·1운동 역시 동학을 계승한 천도교가 중심이 되어 일어난 것

이다. 조선총독부 경무국에서 펴낸 책에서도 밝히고 있듯이 천도교는 3·1운동의 준비와 초기 단계에서 각계의 독립운동 움직임을 하나로 결집하고 운동의 원칙(비폭력·대중화·일원화)을 마련했으며, 전국적 일원화 체제를 갖춘 교단 조직을 이용해 시위를 조직하고 운동자금을 제공하는 등 주도적인 역할을 수행한 '독립소요의 중핵'이었다.[150] 실제로 3·1운동의 기획과 자금, 조직 동원, 독립선언서 작성과 인쇄 등 많은 부분에서 천도교가 주도적인 역할을 했다. 특히 천도교는 단일지도체제 하에 조직화된 각 지방 교구와 동학농민혁명 당시의 포(包) 조직을 계승한 연원(淵源)이라는 인적 연결망을 통해 독립 시위운동을 빠르게 전국적으로 확산시킬 수 있었다.

하지만 이 운동으로 천도교는 막대한 피해를 입었다. 손병희와 박인호를 비롯한 교회 간부들이 대부분 투옥되고, 전국 각 지방에서 체포된 교인들이 수천 명에 달했다. 그리고 교회 재산도 거의 압수당했으며 자유로운 교회 활동조차 제한받았다. 독립선언서를 인쇄한 보성사는 6월 28일 일제의 방화로 전소되었다. 또한

---

150 김정인, 『천도교 근대민족운동 연구』, 한울아카데미, 2009, 106쪽.

천도교가 운영하던 보성전문(현 고려대 전신)과 동덕여학교도 결국 재정난으로 1923년 경영권을 넘겨주게 되었다. 이 과정에서 의암 손병희가 거주하던 상춘원을 비롯한 천도교 재산의 상당 부분이 학교 운영 재산으로 기탁 또는 출연되었으며, 손병희는 열악한 투옥 생활 속에서 병을 얻어 결국 1922년에 세상을 떴다. 이렇게 3·1운동에서 천도교의 주도적인 역할을 안 일제는 재산 압수는 물론 교회 활동 제한, 내부 분열 조장 등을 획책하면서 천도교를 집중적으로 탄압했다. 3·1운동에 참여한 주요 교단 가운데 오직 천도교만이 당시와 비교할 수 없을 만큼 그 세력이 위축되어 있는 것은 단순히 한 교단의 문제가 아니라, 한국 근현대사가 그렇게 뒤틀린 채로 조성된 것임을 짐작하게 한다. 천도교가 동학을 계승하여 한국 현대사에서 펼친 노력과 희생은 결코 간과되어서는 안 되는 이유가 여기에 있다.

3·1운동 후, 손병희를 비롯하여 3·1운동에 가담한 천도교 지도자들이 대거 투옥되자 이돈화, 김기전, 박래홍, 박달성, 정도준, 방정환 등 청년 지도자들은 천도교청년회를 조직하여 『개벽』 잡지를 중심으로 신문화운동을 선도해 나갔다. 1921년에는 어린이운동의 선구적 역할을 한 천도교소년회를 발족시켰다. 이후 천도교청년회는 이념 정당으로서의 면모를 갖추기 위해 '천도교청

년당'으로 조직을 개편하여 청년운동뿐만 아니라 여성운동, 농민운동을 전개했고 이후 천도교청년동맹과 갈라졌다가 1931년 2월 천도교청우당으로 통합했다. 천도교청년당의 활동에서 가장 중시된 것은 의식개혁과 문화적 각성을 근간으로 하는 신문화운동이었다.

신문화운동이란 『개벽』 창간사에서도 적시되었듯이 세계 인류 전체를 하나의 도의(道義) 체계로 만들어 노동문제, 부인문제, 인종문제, 사회문제를 근본적으로 해결하여 세계를 개조하자는 것이었다. 이는 인도 정의, 평등 자유를 이상으로 하는 심적 개조, '도덕'과 인격에 바탕한 영적 코뮤니즘으로의 근본적 개조를 꾀한 것이었다. 신문화운동은 주로 천도교 신파 쪽에서 주도하였는데, 이들은 서양철학을 적극 수용하여 천도교의 문화운동론을 정립하고 의식혁명과 인간해방의 운동론적 기초를 제공하고자 하였다. 그들이 지향한 것은 단순한 계몽이나 문명개화가 아니라 개벽의 제호에서 표방했듯이 '개벽'이었다. 그들의 운동은 자본주의와 사회주의를 넘어서고 민족과 계급을 넘어서서 보편적 인간해방이라는 근본적인 문명의 전환을 꿈꾼 개벽운동이었다. 그러나 민족주의와 사회주의, 민족모순과 계급모순의 구도를 넘어 영적 코뮤니즘의 문화적 투쟁이라는 제3의 길을 모색했다는 것은 한편으론 식민지 현실에서 구체적 실천력을 떨어뜨리는 한계를 동시에 노정했다.

신문화운동 이외에도 천도교 청년들의 민족운동은 다각도로 진행되었는데, 민족유일당 운동인 신간회에서 주도적인 세력을 확보하고 적극적인 참여를 한 것을 비롯하여, 상해 임정에의 참여, 만주 방면에서의 무장 항쟁 참여, 1935년 이후 오심당(吾心黨) 운동 및 제4세 대도주 춘암 박인호가 주도한 멸왜기도사건(滅倭祈禱事件) 등이 대표적이다. 오심당 운동으로 많은 지도급 인사들이 체포, 구금되었고, 1938년도에는 멸왜기도사건이 발각되어 수십 명이 체포 구금되면서, 천도교의 저항적 민족운동은 지하로 잠복하게 된다.

해방 공간에서 천도교는 종교교단으로서의 위상 회복보다는 청우당이라는 정당 조직을 통해 통일국가 건설에 더 큰 관심과 노력을 기울였다. 청우당은 전민족적 총력을 집중하여 통일된 완전한 민족 자주 정권을 수립코자 노력하였다. 청우당은 또한 좌우를 넘어 절대 다수인 민중을 기초로 한 여러 집단과 양심 있는 개인들의 연대로 민족적 대동단결을 촉구해 나갔다. 그런데 1948년 단독정부수립 움직임이 일자, 이에 반대하여 남북 분열을 저지하고 통일정부를 수립하기 위한 운동에 나서게 되었다.

1948년 남북총선거의 실시가 무산되자 남북한 청우당은 3·1절을 기해 남북한 청우당은 물론 천도교인 전체가 총궐기하는 '남북분열저지운동'을 계획하였다. 이를 흔히 '3·1재현운동'이라고한다. 그러나 이 운동은 사전에 발각되어 북한 전 지역에서 1만7천여 명이 체포되었다. 최종적으로 재판에 회부된 인원은 87명이며, 그 중 4명은 사형에 처해졌다. 그 후 천도교는 재거사를 위하여 조직을 '영우회 (靈友會)'라는 비밀 결사를 조직하였으나 이역시 발각되어 큰 희생을 치렀다.

남쪽의 청우당도 1948년 5월 남한 단독 선거에 반대하는 통일독립운동자협의회에 참여, 남한의 단독 선거와 미군정에 반대하고, 통일정부 수립을 위한 남북요인회담에 참여하기도 하였다. 이 같은 해방정국에서 민전과의 연대, 미군정 정책의 비판과 남한 단독정부 수립 반대 등은 미군정과 정부로부터 탄압받는 계기가 되어 결국 남쪽의 청우당은 남한에 단독정부가 수립된 후1949년 8월 강제 해산되고 말았다.

동학 운동의 역사는 한국 근현대사의 가장 결정적인 순간을 추동했거나 공유하고 있다. 하지만 그 과정에서 동학·천도교는 엄청난 희생을 치렀다. 그리고 그 아픔은 아직 치유되지 못하고 있고, 희생의 대가는 아직 보상받지 못하고 있다.

5. 방정환의 어린이운동

세계 최초로 실질적인 어린이날과 어린이헌장을 제정하여 어린이운동을 시작한 방정환의 이름이 어느덧 희미해지고 있다. 방정환의 정신을 계승한 초등학교 하나 없는 게 한국 교육의 현실이다. 방정환이 손병희의 사위[151]라는 것과, 그의 사상이 동학에서 나왔다는 것도 대부분 모르고 있다. 사실 그의 어린이운동은 독자적으로 한 것이 아니라, 천도교청년회의 한 부문 활동으로 한 것이다. 그리고 그 사상적 바탕은 직접적으로 "아이도 한울님을 모셨으니 절대로 아이를 때리지 말고 한울님으로 공경하라"는 해월 최시형에게서 나온 것이다. 또한 당시 천도교의 대표적 사상가였던 소춘 김기전의 영향도 크다. 김기전은 1923년 5월의 『개벽』지에 「개벽 운동과 합치되는 조선의 소년운동」이란 글을

---

151 방정환은 손병희의 셋째사위이지만, '양자사위'라는 독특한 이력을 통해 아들이 없던 손병희에게 아들과 같은 존재로 자리매김하였다.

실어 어린이를 유교의 윤리적 압박과 노동에서 해방하여 함부로 하대하지 않고 존중해야 한다고 주장했다.

　방정환의 생각은 우리나라 어린이운동의 시작인 1923년 5월 1일 오후 3시 '제1회 어린이날'[152] 행사에서 발표한 최초의 어린이 선언문인 '소년운동의 기초 조건'에 잘 나타나 있다.

〈소년운동의 기초 조건〉

- 어린이를 재래의 윤리적 압박으로부터 해방하여 그들에게 대한 완전한 인격적 예우를 허하게 하라.
- 어린이를 재래의 경제적 압박으로부터 해방하여 만 14세 이하의 그들에 대한 무상 또는 유상의 노동을 폐하게 하라.
- 어린이 그들이 고요히 배우고 즐거이 놀기에 족한 각양의 가정 또는 사회적 시설을 행하게 하라.

152　이 '제1회 어린이날'은 1년전 1922년 5월 1일, '천도교소년회' 주최로 진행된 '어린이의 날'의 '1주년 기념 어린이날'의 의미가 짙게 깔려 있다. 오늘날 '국가의 공식적인 어린이날'의 기점이 되는 1923년 '제1회 어린이날'의 기원에 대해서는 재검토가 필요하다.

▶ 어른들에게

- 어린이를 내려다보지 마시고 치어다 보아 주시오.

- 어린이를 가까이 하시어 자주 이야기하여 주시오.

- 어린이에게 경어를 쓰시되 늘 보드랍게 하여 주시오.

- 이발이나 목욕, 의복 같은 것을 때맞춰 하도록 하여 주시오.

- 잠자는 것과 운동하는 것을 충분히 하게 하여 주시오.

- 산보와 원족 같은 것을 가끔가끔 시켜 주시오.

- 어린이를 책망하실 때는 쉽게 성만 내지 마시고 자세자세 타일러 주시오.

- 어린이들이 서로 모여 즐겁게 놀만한 놀이터와 기계 같은 것을 지어 주시오.

- 대우주의 뇌신경의 말초(末梢)는 늙은이에게 있지 아니하고 젊은이에게 있지 아니하고 오직 어린이들에게만 있는 것을 늘 생각하여 주시오.

▶ 어린 동무들에게

- 돋는 해와 지는 해를 반드시 보기로 합시다.

- 어른들에게는 물론이고 당신들끼리도 서로 존대하기로 합시다.

- 뒷간이나 담벽에 글씨를 쓰거나 그림 같은 것을 버리지 말기

로 합시다.

- 꽃이나 풀을 꺾지 말고 동물을 사랑하기로 합시다.

- 전차나 기차에서는 어른들에게 자리를 사양하기로 합시다.

- 입을 꼭 다물고 몸을 바르게 가지기로 합시다.

우리들의 희망은 오직 한 가지 어린이를 잘 키우는 데 있을 뿐입니다. 다 같이 내일을 살리기 위하여 이 몇 가지를 실행합시다.

어린이는 어른보다 더 새로운 사람입니다. 내 아들놈 내 딸년하고 자기의 물건같이 여기지 말고 자기보다 한결 더 새로운 시대의 새 인물인 것을 알아야 합니다. 자기 마음대로 굴리려 하지 말고 반드시 어린 사람의 뜻을 존중하도록 하여야 합니다.

어린이를 어른보다 더 높게 대접하십시오. 어른은 뿌리라 하면 어린이는 싹입니다. 뿌리가 근본이라고 위에 올라 앉아 싹을 나려누르면 그 나무는 죽어버립니다. 뿌리가 원칙상 그 싹을 위해야 그 나무(그 집 운수)는 뻗쳐 나갈 것입니다.

방정환은 단지 어린이를 잘 기르고 보호하는 수준을 넘어 존중하고 공경할 것을 제시하고 있다. 그는 민족해방이 되려면 먼저 어린이 해방이 되어야 한다고 보았다. 당시 아이들은 오늘날처럼 부모들의 충분한 보살핌을 받지 못하고 한 사람의 인격체로서 대우도 받지 못하였다. 10세도 채 안 된 아이들에게 부엌살림과 온갖 일을 시키기 일쑤였고, 때리는 경우도 허다했다. 하지만 방정환은 어린이에게도 경어를 쓰고 존중하라고 했다. 그리고 아이들을 모자란 존재로 여겨 내려다보지 않아야 한다고 했다. 이미 다가지고 있지만 아직 깨어나지 않은, 저마다의 타고난 본래의 씨앗이 잘 발현되도록 스스로 깨우치는 교육을 하고자 했다. 부모와 교사는 아이들이 스스로의 싹이 잘 터서 자랄 수 있도록 좋은 환경을 만들어 줄뿐 자기의 주머니 속 물건처럼 소유하려 하거나 자기의 생각을 강요해서는 안 된다. 교육은 지식을 전하는 것이 아니라 몸의 건강과 생명력을 높이는 방법을 배우고, 마음을 가꾸고 잘 쓰는 방법을 터득하고, 다른 존재들과 조화롭게 공존하는 삶의 기술을 배우는 것이다. 방정환은 또 "나는 조그만 봉사씨외다"라는 노래를 만들어 전국에 보급하면서 더 좋은 세상을 위한 실천을 삶의 목적에 두고 삶 자체가 작은 나(小我, 에고)를 극복하고 큰나(大我, 참나, 한울)를 실현하는 것이 되어야 한다고 하였다.

지금 어린이는 예전에 비해 먹는 것과 입는 것은 풍족해졌다. 오히려 비닐하우스의 채소처럼 과잉보호되고 있는지도 모른다. 그러나 여전히 어린이를 온전한 한 인격체로 존중하지 않고 어리게만 보아 떠먹여 주려고 하고, 자기의 소유물로 생각하여 마음대로 하려고 하는 경우가 많다. 그러면서 부모의 낡은 생각을 강요하려 한다. 지난 시대의 가치인 성공과 출세, 안정된 삶만을 강요하며, 자기의 삶을 스스로 선택하여 자기 주도적인 삶을 살 수 있도록 존중하지 않고 있다. 그래서 지금 대한민국의 어린이들은 행복하지 않다. 삶의 기술에서 가장 중요한 아이를 낳고 기르는 법을 배우지 못한 대부분의 부모들도 힘들고 행복하지 않긴 마찬가지이다. 100년 전 방정환의 어린이 선언문이 아직 유효한 이유이다.

6. 새로운 생활양식으로서의 문명개벽

　시천주와 더불어 '개벽(開闢)'은 동학의 핵심 사상 중 하나이다. 수운의 동학이 급속도로 퍼진 것이 '개벽사상' 때문이었다고 해도 과언이 아니다. 개벽사상은 본래 수운이 「몽중노소문답가」(『용담유사』)에서 "십이제국 괴질운수 다시 개벽 아닐런가 태평성세 다시 정해 국태민안 할 것이니"라고 하여 하원갑의 혼란의 시대가 지나고 상원갑의 호시절이 다시 온다고 하면서 '다시 개벽'이란 용어를 쓴 데서 유래한다. 수운은 '개벽'의 용어 앞에 '다시'를 붙임으로써 당시가 천지창조와 같은 거대한 열림이 다시 한번 이룩되는 시기라고 파악했다. 이때 개벽은 '새로운 세상의 도래와 그것에 수반하는 대변혁'을 의미한다. 개벽사상은 동학을 시작으로 증산교, 원불교 등 한국 자생종교들의 공통된 사상적 특성으로 나타났다. 한국 신종교의 창시자들은 하나같이 당시가 우주적인 선천(先天)과 후천(後天)으로 나뉘지는 대전환의 분기점이라고 보아 이런 대전환의 시기를, 또는 그런 대변혁 자체를 '개벽'이라고 했다. 개벽사상은 극심한 사회적 혼란과 위기의식 속에서 생겨난 새로운 시대에 대한 염원과 미래의 이상사회에 대한 대망(待望)을 반영하고 있다.

그러나 개벽사상은 항상 종말론으로 해석될 위험을 내포하고 있어 주의를 요한다. 개벽사상은 삼정의 문란과 서세동점의 위기 속에 신음하던 19세기의 민중들에게 곧 세상이 바뀌고 좋은 시절이 도래한다는 희망의 메시지를 던져주었다. 특히 개벽사상은 공히 한반도가 앞으로 변혁된 세상의 중심이 된다고 설파함으로써 민족적 자부심을 심어주었다. 이는 제국주의의 위협에 대한 적극적인 대응은 아니었지만, 나아갈 바를 잃고 신음하던 민중들에게는 희망을 포기하지 않고 어려운 시기를 견딜 수 있는 힘이 되었다. 이것이 당시 한국 신종교들이 변혁 사상으로서 반봉건·반외세의 민족·민중 운동으로도 나타날 수 있었던 이유이다. 그러나 개벽을 당시의 역사적 배경에서 나온 하나의 종교 사상으로 보지 않고 우주적인 원리로서 신에 의해서 예비된, 머지않은 시기에 필연적으로 도래할 종말론적 사건으로 받아들이게 될 때 많은 문제를 일으켜 왔다. 특히 증산 계열 종단에서 이런 경향을 많이 보이는데 이런 사상에 세뇌되는 순간, 가정도 버리고 직장도 버리고 마치 시한부 선고를 받은 사람처럼 이 사실을 모든 사람이 하루빨리 알고 준비를 해야 한다는 데 집착, 광분한다. 이 때문에 한평생을 헛된 신념에 허비하고 주변 사람들까지 힘들게 하는 일을 종종 봐 왔다. 종말론에 빠진 사람들의 폐해에 대해서는 더 말할 필요도 없을 것이다.

종교라는 것이 원래 이상향에 대한 열망을 갖기 마련이지만 구체적 현실에 기반을 두지 않고 그것을 우주의 원리상 반드시 도래할 역사의 필연적이고 운명적인 사건으로 받아들이게 될 때 삶의 건강한 토대를 무너뜨리게 된다. 나아가 다른 교파에 대해 배타적이게 되고, 또 공격적인 포교 활동으로 사회에 물의를 일으킬 수도 있다. 우리나라만 해도 교파를 막론하고 곧 세상이 멸망하고, 자기의 교단만이 구원을 받을 수 있다고 주장하는 종단이 300여 개가 넘는다. 세계적으로도 유사한 신념을 가진 종단은 수천 개가 된다. 그리고 이는 단지 최근의 일이 아니라 역사가 시작된 이래로 고난이 닥칠 때면 수도 없이 나타났던 현상이다.

진정한 구원은 어떤 교단에만 있다거나, 어떤 특정 대상을 반드시 믿어야 한다거나, 누구를 통하지 않으면 안 된다거나, 어떤 사실을 아는 데 있다거나 하는 식으로 외재적 조건에 좌우되는 것이 아니다. 어디까지나 구원은 선하고 의로운 마음의 상태와 그런 마음을 통한 인격의 실현에 있어야 한다. 정말 인간세상을 주재하는 인격적인 절대자가 있다면 선하지 않은데도 구원이라는 특혜를 주는 불공정한 존재는 아닐 것이고, 반대로 선한데도 자기를 숭배하지 않는다고 외면하는 옹졸한 존재도 아닐 것이다. 그러므로 결국 구원이 있다면 그 사람의 내면의 상태, 삶을 살아가는 자세, 다른 사람들을 대하는 태도 등의 전반적인 인격과 관련해서 주어질 것이다. 자기 종단에만 구원이 있다고 주장하는 것은 성직자들이 포교를 쉽게 하고 조직을 성장시키기 위해서 만들어낸 술책일 뿐이다.

본래 종교 창시자들의 본의는 우리가 어떻게 하면 선하고 의로운 삶을 살 수 있는지에 초점이 맞춰져 있었다. 그들의 가르침은 인간이 흔히 빠지기 쉬운 감각적이고 물질적인 욕구를 넘어서서 삶에서 더 중요한 가치들을 생각하고 지켜냄으로써 우리 삶을 건강하고 의미 있게 살게 하는 데 그 본령이 있다. 그리고 이 세상의 삶이 전부가 아니기 때문에 육신의 욕망과 세속의 영예에 마음을 빼앗기지 말고 더 영원하고 더 본래적인 세계를 추구하면서 살라는 것에 있다. 이 세상이 전부가 아니라는 것을 정말 깨닫게 된다면 많은 세속적 욕망과 집착에서 벗어나서 작은 이익을 추구하거나 결과에 연연하여 전전긍긍할 일도 없이, 무욕과 평정의 마음을 가지고 사람들을 온화하게 대할 수 있을 것이며, 죽음 앞에서도 의연할 수 있을 것이다. 천국과 지옥은 세상 사람들을 위해 방편적으로 이야기하는 하나의 상징일 뿐이다.

대부분의 위대한 종교 창시자와 수행자들은 이 육신을 '나'라고 집착하는 자아관념에서 벗어날 때 진정한 '참 나'를 깨달아 더 크고 영원하며 전혀 다른 방식의 삶(永生, 不死)이 가능하다고 말한다. 그러므로 참된 구원은 어떤 신앙 대상이나 교리에 안주하는 것이 아니라, 끊임없는 자기반성과 자기부정을 통한 참회와 지속적인 자기 수련의 정신적 긴장감 속에서만 얻어질 수 있으며, 삶의 총체적 인격이라는 열매로서 주어지는 것일 뿐이다.

우리는 좋은 세상에 대한 꿈을 버려서는 안 된다. 또한 막연히 좋은 세상이 올 것이라고 믿고 기다리기만 해서도 안 된다. 그것이 우주의 주재자에 의해 주어져 있든 아니든, 좋은 세상을 만들기 위해 가장 필요한 삶의 조건과 제도의 변화를 고민하고 작은 것에서부터 실천해 나가야 한다. 그것은 결국 우리가 어떤 삶의 방식을 택하는가와 관련되어 있다. 지금의 물질만능과 물신주의, 신자유주의의 패권경쟁, 무차별한 생태계 파괴와 무한개발, 성장 위주의 정책에서 모든 사람이 공존할 수 있는 삶의 방식은 어떠해야 할 것인가, 인간에게 진정한 행복을 주는 삶의 방식은 무엇인가, 인간을 넘어 지구상의 모든 생명 그리고 그 생명을 지탱하는 근거로서의 무생물계까지를 아우르는 삶의 관점과 방식을 어떻게 내면화할 것인가를 고민해야 할 것이다. 개벽은 하늘과 땅이 꺼지고 뒤엎어지는 것이 아니라 우리의 삶의 태도, 즉 한울을 대하고, 사람을 대하고, 자연을 대하는 태도가 달라질 때 참으로 이루어질 수 있는 것이다.

그러므로 수운의 개벽은 일차적으로 정신개벽이다. 즉 시천주적 삶으로의 변혁을 의미한다. 모든 존재가 한울의 신령한 생명의 본성으로 말미암았음을 깨닫고 사람을 한울처럼 높일 뿐 아니라 뭇 생명마저 신성한 존재로 공경하는 한울마음으로의 전면적 전환, 그로 인한 완전한 인격의 실현을 의미하는 것이다. 청빈하되 온화한 마음을 회복하여 삶에 그대로 적용하는 것, 생명과 영성의 자각을 통해 모심과 살림의 거룩한 사회적 성화를 이루는 것, 이것이 동학이 꿈꾼 후천개벽이다. 그러므로 동학은 수행을 바탕으로 인류의 문명을 근본적으로 전환하고자 하는 종교이다. 그것은 시천주의 모심과 섬김을 바탕으로 한 생활양식의 전면적 전환, 인류 문명에 대한 근본적 반성과 대안으로서의 치유이다. 그것이 개벽이다.

이 시대
왜 다시 동학인가

諸君之問道何若是明明也雖我
拙文未及於精義正宗然而焉其
人修其身養其才正其心豈可有
歧貳之端乎凡天地无窮之數道
之無極之理皆載此書惟我諸君
敬受此書以助聖德於我比之則
悅若甘受和白受采吾今樂道不
勝歟歎故論而言之論而示之明
大將業交遠自懷一身之難藏自
是由來擺脫世間之紛競貴去胃
海之彌結龍潭古舍家嚴之丈席
東都新府惟我之故卿率妻子還
禖之日己未之四月乘其運道受
之節庚申之十月是亦夢寐之事
難狀之言察其易卦大定之數審
誦三代敬天之理於是乎惟知先
先生之風龍尾之奇峯怪石月城
金鰲之北龍湫之清潭賈湜古都
馬龍之西圍中桃花恐知漁子之
舟屋前滄波意在太公之釣檻臨
池塘無違濂溪之志亭號龍潭宜
非慕篤之心難轉歲月之如流哀
臨一日之化仙孤我一命年至二
八何以知之無異童子先考平生

지금까지 동학에 대한 몇 가지 오해들에 대해 답하는 방식으로 동학을 새롭게 들여다보았다. 그리하여 동학이 애초에 서학과 유학에 대응해서 '우리의 학문'을 표방한 것이지만, 그 안에는 이미 서양의 충격을 흡수하면서 동양과 서양, 종교와 학문, 수행과 실천, 혁명과 개벽을 반대 일치의 통합적 논리로 녹여내는 사유가 간직되었음을 보았다. 이로써 당시 삼정의 문란과 서세동점의 혼란 속에 고통 받는 민중들의 삶을 보듬어 한국 최초의 자생적 학문이자 종교 사상으로서 동학이 탄생하였다. 동학은 한국 근현대사에서 뚜렷한 족적을 남기며, 새로운 시대의 지평을 열어 주었지만, 오늘날 그 존재감을 찾기가 쉽지 않게 되었다.

그러나 동학의 '개벽의 꿈'은 한때의 가르침으로 끝난 것이 아니다. 그것은 여전히 한국 민중(시민)들에게 새로운 삶의 방식, 그리고 우리의 삶의 방식을 고민할 것을 요구하고 있다. 특히 오늘날 전 지구적으로 일어나는 생명과 생태계 파괴, 그리고 현재 한국이 안고 있는 양극화 문제와 한반도를 둘러싼 갈등에 대한 지혜로서 말이다.

지금 인류가 특단의 조치를 취하지 않으면 머지않아 큰 위기를 맞을 것이라는 인식은 거의 누구나 공감하는 화두가 되었다. 지금의 속도를 늦추지 않으면, 아니 방향을 선회하지 않으면 지구는 곧 돌이킬 수 없는 임계점을 넘어설 것이라는 전망도 일반화되었다. 그때는 지금의 환경재난이나 생명파괴와는 비교도 안 될 재난이 닥칠 것이라는 예측도 다각도로 나오고 있다. 오늘의 인류는 질병과 굶주림으로 허망하게 목숨을 잃던 시절에 비하여 물질적으로는 더 많이 누리는 게 사실이지만 그것을 누리고 지키기 위해 더 많이 경쟁하고, 더 많이 바빠지고, 더 많이 우리의 삶터-지구를 훼손하고 있다. 그래서 개인은 더 많이 심리적 압박을 느끼고, 사회는 더욱 각박해져가고, 자연은 점점 더 파괴되고 있다. 지금의 세계는 확실히 성장이 아니라 질서 있는 퇴보를 모색할 때이다. 소비도 줄이고, 일하는 것은 나누고, 그 대신 마음을 살피고 주변을 살피는 데 더 많은 시간을 할애해야 내일의 생존을 기약할 수 있다. 이것은 선택의 여지가 없는 숙제이다.

인류의 삶에 빨간불이 켜진 지는 오래지만, 최근 들어서는 이제는 행동하지 않으면 안 된다는 인식이 널리 퍼지고 있다. 그럼에도 폭주기관차와 같이 질주하는 물신화된 자본주의 산업문명을 견제하고 정신적·영적 가치를 추구해야 할 종교는 성장제일주의와 배타적 근본주의의 중독에서 헤어나오지 못하고 있다. 모든 종교의 가르침은 알고 보면 하나의 궁극적 실재에 대한 다른 표현일 뿐이다. 이제 종교가 배타적인 행태를 벗어던지고 연대함으로써 보다 중요한 삶의 문제, 인류 앞에 놓인 공동의 과제를 푸는 일에 최우선적으로 나서야 할 것이다.

그렇다면 이러한 시대 상황에서 특별히 동학이 지금 해야 하고 할 수 있는 일은 무엇인가? 동학은 무엇보다도 선천의 문명을 근원에서부터 '다시개벽' 해야 한다는 가르침이다. 이제까지의 문명, 그리고 지금의 자본주의 문명 역시 인류 모두를 잘 살게 할 수 있는 믿음직한 토대는 아니다. 물론 자본주의의 산업문명이 근대의 과학 기술에 힘입어 절대적 빈곤을 퇴치하고 민주주의의 발전에 기여한 점이 없는 것은 아니다. 시장을 통한 교환의 놀라운 기능적 위력은 정체된 인류의 삶을 역동적으로 개선시켰다.

그러나 반면에 자본주의는 시장경제가 중심이 된 경제체제이기에 농업이나 어업, 유목 등 여타의 전통적 삶의 방식이 온존하지 못하고 인간의 노동, 토지(자연), 신용(공동체)마저도 상업적 자본주의 상품 체제 속에 재편될 수밖에 없었다는 데 문제가 있다. 우리의 근대화의 많은 갈등과 부작용도 농업 사회가 상업적 자본주의 사회로 재편되는 과정에서 나타난 문제라고 할 수 있다. 무 엇보다도 문제는 모든 것이 상업적 자본 논리로, 즉 경제적 이해 관계에 의해 재단된다는 데 있다. 그리하여 '자본'의 논리가 생명 을 비롯한 여타의 모든 보편적 가치에 우선해서 횡행하는 삶의 문화가 형성될 수밖에 없었다. 그리하여 여전히 빈부격차의 심화 는 물론이고 생명과 생태계 파괴가 지속되고 있다.

현 시점에서 자본주의 문명 체제를 일거에 전복할 수는 없다. 문제의 초점은 어떻게 하면 자본주의의 장점을 살리면서도 보편 적인 생명가치를 더 우선시할 문명으로 전환할 것인가가 우리의 고민이다. 이를 위해 우선 지금까지 너무나도 당연하게 여겨 왔 던 우리의 현대문명과 삶의 방식에 대해 근원적 반성이 선행되어 야 한다. 이 반성을 통해 더 이상 생명과 생태계가 파괴되지 않도 록 막고 인간의 존엄성, 나아가서는 인간과 생명(생태)의 신령성 을 회복해 내야 한다.

동학은 태생적으로 자본의 논리가 다른 보편적 가치 위에서 횡 행하는 문화를 비판하고 견제함으로써 새로운 생명의 문화를 열 어내는 영적·문화적 실천을 제안한 바 있다. 이것이 이 시대 동 학의 '다시개벽'의 과제이기도 하다. 동학이 꿈꾼 후천문명은 신 의 계획에 의해 예정된 낙원이 아니라, 인간들의 총체적 반성과 자각에 의해 우리 삶에서 보다 중요한 가치들이 우선되는 문명을 건설하는 대전환을 의미한다. 이런 전환은 일시적 혁명으로 되는 것도 아니고, 정치적 결단으로 되는 것도 아니다. 우리의 의식과 생활을 총체적으로 바꾸는 데서 가능하다. 때문에 우리가 가장 관심을 갖고 매진해야 하는 것은 의식혁명이며 생명운동이다. 이제 천도교를 비롯한 동학의 여러 단체들이 다른 종교들과 연대하고, 나아가 시민운동의 여러 단체들과 힘을 합쳐서 생명운동을 전개해 나가는 것이 가장 필요할 것으로 생각된다.

지금의 문명은 한편에서 보면 서양문명의 한계이며, 자연을 대하고 생명을 대하는 서양의 유물론적(과학적), 합리적(비영성적) 방법론의 태생적 한계에서 나온 것이기도 하다. 서양은 눈에 보이고 경험할 수 있는 일면만으로 우주와 생명을 파악해 왔다. 이때 기본적으로 취하는 입자론적, 기계론적 세계관은 생명을 전일적으로 파악하고, 드러난 것 너머의 숨겨진 질서를 적극적으로 이해하려는 경건하고 겸손한 태도를 결여함으로써 오늘날의 강퍅한 논리가 이 세계를 지배하고 생명(생태) 세계가 파괴되도록 조장한 측면도 있다. 따라서 현대 문명과 지구촌의 위기를 극복하는 한 대안은 존재와 생명을 전일적으로 바라볼 수 있는 새로운 학문 방법론을 채택하는 노력과 무관하지 않다. 이것이 오늘 동학이 호명되는 이유이기도 하다.

동학이 제시하는 새로운 학문 방법론의 핵심은 '아니다·그렇다', '반대일치의 논리'인 불연기연의 사유를 통해서 찾아볼 수 있다. 동학의 불연기연은 동서양의 여러 상이한 논의들을 통합하고, 여러 종교의 진리를 아우를 수 있는 가능성을 가졌다. 그리고 정신과 물질의 이원성을 넘어 생명을 중심으로 물질·의식·영성을 하나의 원리로서 통합할 수 있는 방법론적 가능성을 내장하고 있다.

동시에 동학의 불연기연은 지금 우리 사회의 대립과 분열, 양극화의 문제를 해결할 수 있는 지혜를 제공한다. 우리 사회는 점점 세대간·지역간·이념간의 갈등이 심해지고 있으며, 빈부 격차도 확대일로를 걷고 있다. 이것은 '나는 옳고 너는 그르다'라는 식의 이분법적 태도로 편 가르기를 하고, 남을 배척하기 때문이다. 그러나 우리는 실은 한 배를 탄 공동 운명체다. 지금 시비선악을 구분하는 것보다 더 중요한 것은 이런저런 이유로 상처받고, 지치고, 뒤돌아서 있는 모든 마음들을 어루만져 서로의 신뢰를 회복하고 마음의 힘을 북돋아서 공동의 목표를 향해 나가는 일이다. 인간과 사회를 변화시키는 힘은 질정(叱正)에서 나오는 것이 아니라 사랑에서 나온다. 따라서 불연기연을 중심으로 우리의 학문 방법론을 정립하고 그것을 각 학문 분과에, 그리고 우리 삶에 구체적으로 적용시킬 수 있는 방안을 본격적으로 연구해 나가야 할 것이다.

그러나 이 모두를 위해 가장 필요하고 시급한 것은 실천의 주체로서 '새로운 인간의 재발견'이다. 이 시대에 필요한 새로운 인격의 탄생과 그것의 구체적 실현 방안이다. 나는 이것을 수운의 시천주 체험, 즉 내유신령과 외유기화의 체험에 의해 가능하다고 보며, 이런 체험을 통한 영적 각성과 이를 통한 새로운 주체로의 거듭남, 여기에 동학의 가장 큰 역할이 있다고 본다.

나는 시천주 '모심'의 세 가지 개념, 즉 내유신령, 외유기화, 그리고 각지불이에 만물화생의 원리와, 동시에 물질을 포함한 모든 생명의 활동[生活] 원리가 있다고 생각한다. 그러나 이것을 단지 이론으로 구성하는 것은 큰 의미가 없다. 무엇보다 중요한 것은 생명의 원리, 생활의 원리가 시천주 체험을 통해 온몸으로 체득, 체행, 체현되어야 한다는 점이다. 수운이 말하는 영부는 바로 이 생명의 원리를 자각하고 그 무궁한 우주 생명, 우주 기운을 완전히 체득하며 이를 생명력으로 하여 실천[체행]함으로써 이 세상을 구원[체현]해 내는 것을 말한다. 여기에 '생명을 살리는 길', 문명을 치유하는 길이 있다. 한울님이 우주 만물을 화생하는 그 원리와 그 기운을 온몸으로 체득, 체행, 체현해 내는 것에 병든 자기의 몸을 비롯해서 뭇 생명을 살리는 원리가 있다.

따라서 내 안에 모셔져 있는 우주 생명, 무궁 생명을 온몸으로 체험하고, 동시에 내가 전체 우주, 전체 생명과 하나의 기운으로 통해 있다는 것[同歸一體]에 대한 절절한 자각이야말로 현대 산업 문명에 찌들어 왜소화된 인간 주체를 되살려 내면에 신령한 우주 생명을 모신 거룩하고 창조적인 우주적 주체로, 뭇 생명을 자기의 몸과 같이 느낄 수 있는 감수성을 가진 윤리적 주체로 거듭나게 할 수 있게 할 것이다. 따라서 무수한 담론보다도, 동학 수도를 통한 시천주의 체험이 가장 우선적으로 요구된다고 하겠다.

인간은 눈에 보이는 세계, 논리적으로 검증 가능한 세계만으로 살아갈 수 있는 존재가 아니다. 인간에겐 죽음에 대한 두려움이 근원적으로 있고, 때문에 나라는 존재가 어디서 와서 어디로 가는지, 이 세계는 어떻게 이러한 세계가 되었는지를 알고자 하는 형이상학적 열망이 있다. 또한 의미 있고 가치 있는 삶, 진정한 내면의 평화와 자유와 지복(至福)의 삶, 인간의 감관과 이성으로 파악되지 않는 우주의 궁극적 실재에 대한 본원적인 의문이 있다. 21세기 새로운 사상은 이런 의문에 접근하면서 인간과 세계에 대한 이해의 지평을 넓힐 수 있어야 한다. 또한 오늘날의 생태적 문제에 대해서도 해답을 줄 수 있어야 한다. 무엇보다도 한계에 다다른 근대 문명을 넘어 모든 생명들이 평화롭게 공존할 수 있는 새로운 문명의 전망을 내놓을 수 있어야 한다.

나는 그 대안을 동학에서 찾아보고자 했다. 동학은 당시 서민들의 삶이 나락에 떨어지고, 서세동점(西勢東漸)에 의해 동아시아 질서가 무너지고, 인간의 이기심 때문에 하늘의 신비가 사라지면서 생긴 삶의 총체적 위기에 대한 응답이었다.

동학은 밑바닥 민중의 고난과 고통에 관심을 갖고 동양의 지혜를 바탕으로 서양의 영성을 흡수해 하늘과 인간의 관계를 재정립했을 뿐 아니라, 보이지 않는 차원을 아우르면서 삶의 신비와 영성을 되살려냈다. 동학은 오늘날처럼 서양적 사고와 철학, 제도와 체제를 기반으로 한 근대 문명이 한계에 부딪히면서 인간의 '존엄'이 위협받고, 생태계가 파괴되고 삶의 신비가 가려질 때 하나의 대안이 될 수 있는, 변방의 것이지만 보편성을 띠는 철학이자 종교이다.

예로부터 동학은 '믿는다'라고 하지 않고 '한다'라고 했다. 이 시대 동학하는 사람들이 많아졌으면 좋겠다.